JN209628

魚を使い切る

高級魚から大衆魚まで
上手に使って多彩な料理に仕上げる技

遠藤十士夫 著

魚を使い切る

高級魚から大衆魚まで
上手に使って多彩な料理に仕上げる技

目次

カラー　作り方

のどぐろ

椀 …… 8　160
のどぐろ　防風　州浜柚子

のどぐろの焼き物 …… 9　160
筍

のどぐろの焼き物 …… 10　160
木の葉生姜　防風

のどぐろの兜塩焼き …… 11　160
たすき梅　田島

のどぐろのすり流し …… 12　161

のどぐろの宮重蒸し …… 14　161

のどぐろの火取り …… 15　161
防風　生姜

●おろすときのポイント …… 16

金目鯛　きんめだい

金目鯛のしゃぶしゃぶ …… 18　161

金目鯛のお造り …… 20　161
鳴子蘭　山葵

金目鯛のかま塩焼き …… 21　162

金目鯛のにゅうめん …… 22　162

金目鯛の煮付け …… 23　162

金目鯛の一夜干し …… 24　162

金目鯛の兜焼き …… 25　162

金目鯛の宮重和え …… 25　162

●おろすときのポイント …… 26

おこぜ

おこぜ薄造り …… 28　163

おこぜのかまの唐揚げ …… 29　163

おこぜの皮の湯引き …… 30　163

■使い切りのヒント

1 カブト …… 11
2 カマ …… 21
3 皮 …… 30
4 ヒレ …… 44
5 ウロコ …… 52
6 すだれ骨 …… 65
7 中骨 …… 72
8 卵巣 …… 76
9 胃袋 …… 83
10 掻き身 …… 87
11 白子 …… 109
12 エラ …… 112
13 アラ …… 129

おこぜのサラダ …… 31 163
おこぜの蒸し物 …… 32 164
おこぜの吸い物 …… 33 164
おこぜの味噌汁 …… 33 164
●おろすときのポイント …… 34

まながつお

まながつおの西京焼き …… 36 164
まながつおのお造り …… 38 164
黒染め牛蒡 甘草 おろし柚子
まながつおのあらの西京焼き …… 39 164
●おろすときのポイント …… 40

きんき（喜知次）

きんきの塩焼き …… 42 165
算木生姜
椀 …… 43 165
きんき 筍 芽甘草 柚子
きんき湯注ぎ …… 44 165
きんきひれ酒 …… 45 165
きんきの兜塩焼き …… 46 165
木の葉生姜
きんきの中おち塩焼き …… 47 166
芽甘草 椎茸揚げ浸し おろし柚子

●おろすときのポイント …… 48

甘鯛 あまだい

甘鯛の興津干し …… 50 166
甘鯛の酢押(すびて) …… 51 166
甘鯛の鱗の焼き物 …… 52 166
甘鯛の若狭焼き …… 53 166
甘鯛の西京焼き …… 54 167
甘鯛の吸い物 …… 55 167
●おろすときのポイント …… 56

鯛 たい

鯛兜煮 …… 58 167
鯛のお造り …… 60 168
大根 おろし柚子 春蘭 梅にく 山葵
鯛白子の旨煮 …… 61 168
鯛のあぶら炊き …… 62 168
鯛のお造り …… 64 168
大根 黒染め蓮根 あぶら菜 人参 山葵
鯛のかま、すだれ骨の塩焼き …… 65 169
そらまめ 酢取り生姜
鯛の吸い物 …… 66 169
鯛とあぶら菜の保科和え …… 67 169
●おろすときのポイント …… 68

平目 ひらめ

カラー 作り方

火取り平目 …… 70 170
大根 金時人参 山葵 黒染め蓮根
石蕗 梅酢 醤油

平目昆布じめ …… 71 170
甘草 黒染め牛蒡 山葵 梅酢

平目の障子 …… 72 170

平目不昧好み …… 73 170
甘草 山葵

平目薄造り …… 74 171
下仁田葱 赤おろし 杏仁

平目の子磯辺椀 …… 76 171
海苔 筍 葱 梅にく 柚子

平目の皮の焼き浸し …… 77 171

平目の兜湯注ぎ …… 77 171

●おろすときのポイント …… 78

鱸 すずき

鱸の洗い二種 …… 80 172
酢取り防風 山葵

鱸のお造り …… 82 172
大根 黒染め蓮根 防風 梅にく 山葵

鱸の塩辛 …… 83 172

鱸の奉書焼き（不昧公お好み焼き） …… 84 172

鱸のかま塩焼き …… 86 173

鱸の薩摩揚げ …… 87 173

川尻椀 …… 88 173

鱸の皮のあぶり …… 90 174

鱸の南蛮漬け …… 91 174

鱸の湯注ぎ …… 92 174

鱸の湯漬け …… 93 174

●おろすときのポイント …… 94

鰯 いわし

鰯のお造り …… 96 174
木の芽 生姜

鰯の梅煮 …… 97 175
木の芽

鰯の塩焼き …… 98 175
木の葉生姜

鰯の兜、中骨、潮濾しの唐揚げ …… 99 175

鰯梅里和え …… 100 175

鰯のオイル漬け …… 101 175
木の芽

●おろすときのポイント …… 102

鯖 さば

しめ鯖 …… 104 176
筍　芽甘草　おろし柚子　梅にく

鯖塩焼き …… 106 176
大根乙女和え

鯖味噌煮 …… 107 176

椀 …… 108 176
鯖のすだれ　大根　おろし柚子

寒鯖の白子 …… 109 176

鯖白子の塩辛 …… 110 177

潮濾しの唐揚げ …… 112 177

鯖の兜揚げ …… 113 177

●おろすときのポイント …… 114

鯵 あじ

鯵お造り …… 116 177
胡瓜　梅干　長芋　生姜　石蓴

鯵姿造り …… 118 177
長芋　胡瓜　レモン　生姜　石蓴

鯵の中おち唐揚げ …… 119 178

鯵の塩焼き …… 120 178
木の葉生姜　ライム

鯵の兜の唐揚げ …… 121 178

鯵のオイル漬け …… 122 178
ライム　梅干　あやめ生姜

鯵梅里和え …… 123 178

●おろすときのポイント …… 124

間八 かんぱち

間八のお造り …… 126 179
大根　金時人参　おろし柚子
山葵　石蓴　ちり酢

間八照り焼き …… 128 179
大根　梅にく　もちにんにく

間八と大根の煮物 …… 129 179

間八かま塩焼き …… 130 179
大根　木の葉生姜

間八　胃袋の酢の物 …… 131 180
おろし柚子　絹糸生姜　ポン酢

●おろすときのポイント …… 132

縞鯵 しまあじ

縞鯵のカルパッチョ …… 134 180

縞鯵のお造り …… 135 180
大根　浜防風　おろし柚子　金糸生姜　山葵

縞鯵のあらのあんかけ …… 136 180

	カラー	作り方
縞鯵のサラダ	137	181
●おろすときのポイント	138	

鮎 あゆ

	カラー	作り方
うるか	140	181
鮎塩焼き	142	181
鮎飯	143	181
鮎骨の唐揚げ	144	181
鮎の天婦羅	146	181
鮎若狭焼き	147	182
●おろすときのポイント	148	

岩魚 いわな

	カラー	作り方
岩魚の飴炊き	150	182
岩魚の塩焼き 黒染め牛蒡　ライム	152	182
岩魚の骨の唐揚げ	153	182
焼き岩魚のちらし寿司	154	182
岩魚の魚田 紅梅　木の葉生姜	155	183
岩魚のみぞれ和え	156	183
岩魚のあんかけ	157	183
●おろすときのポイント	158	

■本書をご利用になる前に

・本書は、旭屋出版ＭＯＯＫ「日本料理の魚一尾使いこなし料理」に新しい料理を加えて再編集し、改題して新しく書籍化したものです。

・本書の構成は、日本料理店・和食店・割烹・居酒屋等でよく使われる代表的な高級魚から大衆魚まで16種類を選び、それらの魚体の部位をできるだけ捨てることなく使い切る視点・発想から多様な料理に仕上げ、魚種ごとに編成しています。

・特に皮やエラ、中骨、胃袋など普段あまり使わない部分についてはコラムで解説しています。またそうした料理については、解説の最後に活用した材料を列記しています。

・普段あまり使わない魚体の部位を活用した料理については、罫線で囲んで読者の方にご理解いただけるようにしています。

・魚名の表記については、地方によって異なる場合がありますが、基本的に標準名、一般的によく使われる呼び名で表記しています。

・魚をおろす際に使われる用語も地方によって異なる場合がありますが、本書では次ページの「本書で使用している部位の名称」で統一しています。ご参照ください。

・材料や調味料の分量は、仕込む量や材料の状態、時期、客層などによって変ってきます。状況やお好みに合わせてアレンジしてください。

本書で使用している魚の部位の名称

魚をおろす過程では、魚独自の名称がいくつか登場する。なじみがない言葉があるが、魚をおろすときに知っておくと便利な専門用語である。

- **うなもと**……魚の頭の付け根。人間でいえばうなじに当たる部分。
- **うぐいす骨**…えらぶたの上にある、小さな硬い骨のこと。
- **つりがね**……カマ下のエラと腹がつながった部分。
- **たきうち**……尾の付け根の幅が細くなったところ。
- **子守り（こまも）**………雌の場合、卵を生むと、尻ビレを伝わって岩などに産み付けられるため、尻ビレを子守りとも言う。

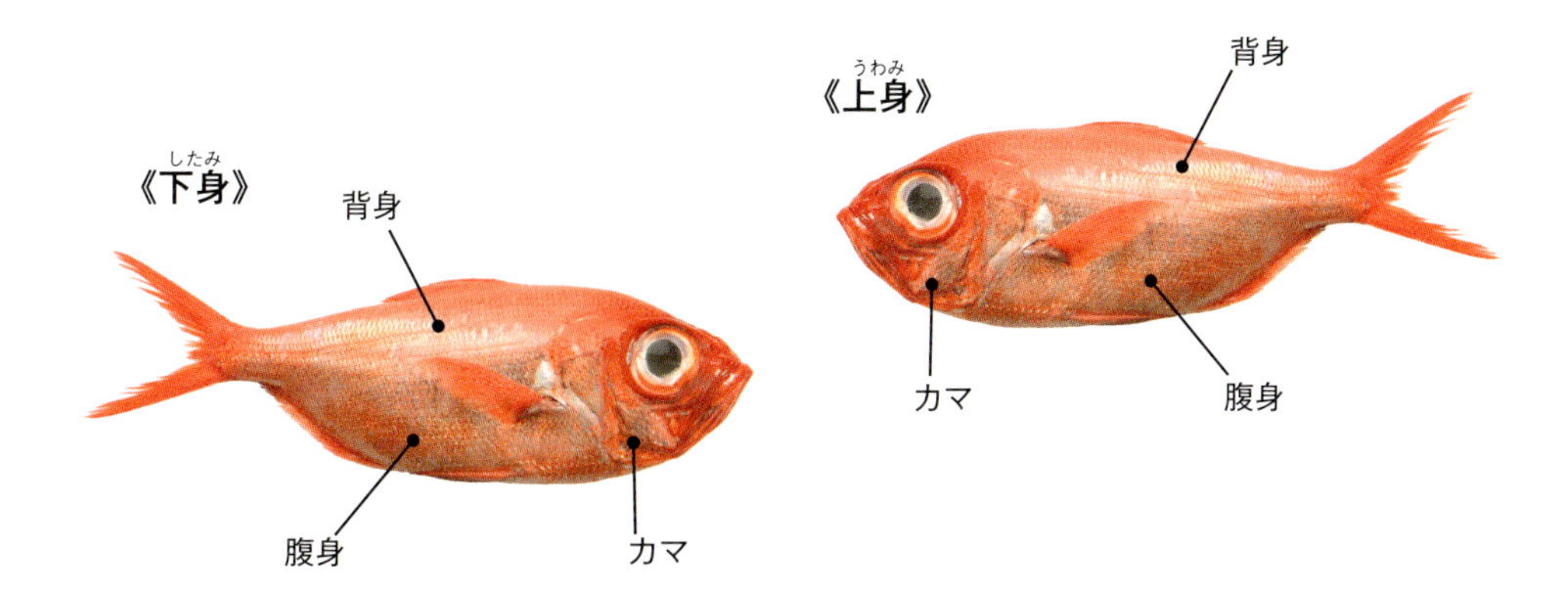

《上身（うわみ）**・下身**（したみ）**》**

魚の頭を左、腹を手前に置いたとき、中骨より上の部分を上身、下を下身と呼ぶ。同じ文字でじょうみと呼ぶものは、おろした身の皮を引いたり腹骨をすいたりしたすぐ使える状態になった身を指す。

《返し庖丁》

魚をおろすときの庖丁使いのひとつで、庖丁の刃を上に向け外側に押し出すようにして切る使い方のこと。“逆さ包丁” とも言う。

のどぐろ

この数年で人気が出て、あっという間に高級魚として人気の魚になりました。標準和名はアカムツであり、かつては惣菜魚として煮付けに使われたもの。白身で脂が多く、旨味も強く、日本料理店だけでなくすし店でも人気。寒の時季に日本海側で獲れるものが最高の味わいです。

椀

のどぐろ　防風　州浜柚子

ノドグロの脂の乗った身を楽しませる椀もの。カツオだしより昆布だしの方が好相性。皮目を赤く仕上げたいところですが、食べたときにおいしく感じさせるには、やや黒めになりますが強めに焼きます。吸い口は州浜柚子。

のどぐろの焼き物

筍

ノドグロといえばまず焼き物。これは、旬を楽しませるために筍と盛り合わせ、季節感をいっそう強調しています。脂が乗っているので、必ず大根おろしを添えます。

 ■作り方は160ページ

のどぐろの焼き物

木の葉生姜　防風

この焼き物は皮の赤い色があまり犠牲にならないように焼いたもの。おいしさの点では前ページのようによく焼いた方がおすすめですが、見た目を優先する場合は、こうして焼き方をやや抑えます。

のどぐろの兜塩焼き

たすき梅　田島

ノドグロは、カブトもおいしく、よく焼くとそのまま食べられる骨のやわらかい魚。おろすときは、カブトを形よく生かすために、胸ビレをカブトに残して頭を落とします。焼くときはヒレに化粧塩をして、見栄えよく焼きます。

活用材料＝カブト

使い切りのヒント〔1〕

カブト

カブトは頭の部分。タイやアマダイなどは特に頭が珍重される。他の魚もカルシウムに富み、目の周りの肉は最も味がよいので、ぜひ活用したい。

ノドグロやキンキ、キンメダイ、マナガツオなど骨のやわらかい魚は、塩を振ってひと晩おき、焼くだけで香ばしく食べられる。サバやアジ、イワシやサンマといったやや骨が硬いものは、いったん焼いてから揚げると歯で噛み砕ける。手軽なビールのつまみとしておすすめ。

■作り方は160ページ

のどぐろのすり流し

ノドグロのアラでだしを取る、意外に手軽なすり流しです。ノドグロの濃厚な旨味がとても印象に残ります。３尾分のカブトや中骨などのアラから、10人分は用意できます。

活用材料＝カブト、中骨

ノドグロのカブトや中骨などのアラに塩を振って１時間ほど置いてから、焼き台でこんがりと焼く。これをだしにしてすり流しを仕込む。

 ●のどぐろ ■作り方は161ページ

のどぐろの宮重蒸し

脂の乗ったノドグロを、なめらかな食感が魅力の蒸し物として提供します。衣は大根に卵白を加え、餅や百合根もプラス。ノドグロには、なぜかカブよりも大根の方が合います。

のどぐろの火取り

防風　生姜

皮目に火を入れることで余分な脂を落とし、ノドグロの香りも楽しめる調理法です。ノドグロは脂が多く、生のままでは脂が強すぎるためこうした手法がおすすめです。

熱した金串をノドグロの皮目に当てて皮目だけに火を入れ、余分な脂を取り除いて香ばしさを出す。

■作り方は161ページ

おろすときのポイント

三枚におろし、腹骨をそぎ切って上身にする。腹骨は焼いてもよいし椀に入れてもよい。中骨やヒレ、頭はそのまま焼いても、湯注ぎやヒレ酒にもよい。肝は塩辛になる。

皮の赤い魚の中では最も骨がやわらかく、そのためにおろしにくい魚。よく切れる庖丁を使い、無理な力をかけずにおろさないと、骨まで切ってしまい、きれいにおろせない。また、骨がやわらかいということは魚全体もやわらかいので、先に内臓を抜いてからおろす手順が原則。

内臓は手早く処分して臭味を移さない

ノドグロは、フグと並んで内臓のにおいが強いため、内臓を魚体からはずしたら、料理に使えるエラや肝は取り分け、残りの内臓はすぐに包んで処分することも大切な手順。料理は、焼き物、お造り、お椀、蒸し物などが主な用途で、旬は12月から3月中旬までである。

600gくらいのサイズのものは三枚におろし、それぞれの料理にする。300gほどの小型のものならば、ツボ抜きにしておろさずに塩焼きにするのが最適の提供法だろう。

骨やヒレも美味なので、三枚におろしたときに出る中骨や頭、ヒレ類はそのまま焼いて湯注ぎやヒレ酒にするとよい。本書では、よく焼いて砕き、これを出汁にしてすり流しとして仕込んだ。大きめのノドグロなら2〜3本分から10人分が用意できる。

三枚おろし

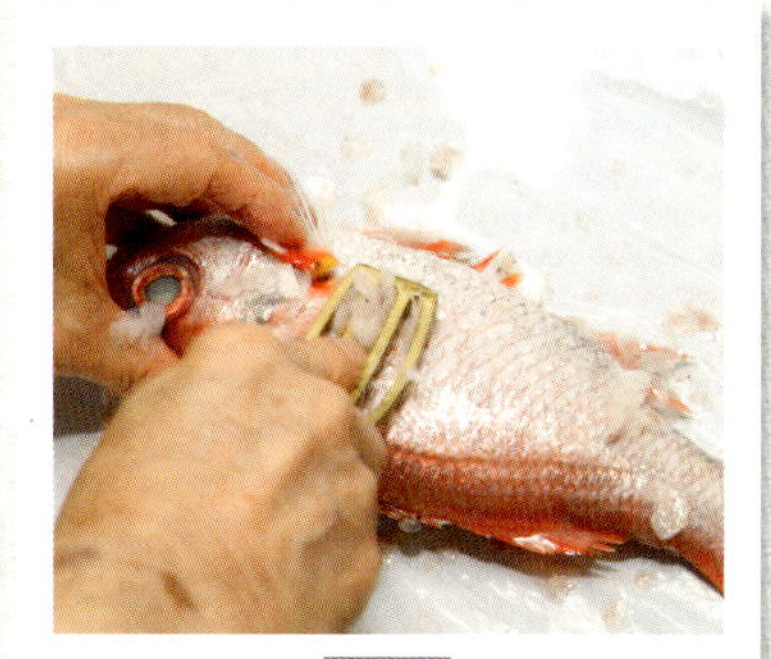

1

下に紙を敷き、ウロコを引く。胸ビレを立て、付け根のウロコを取る。

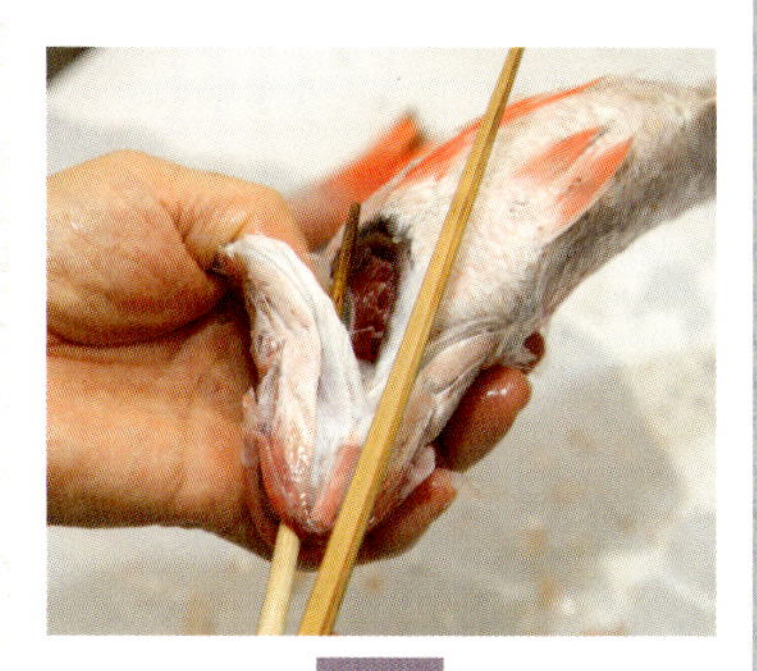

2

割り箸を口から1本入れ、エラの外側から内臓の外側を通し、そのまま肛門まで差し込む。

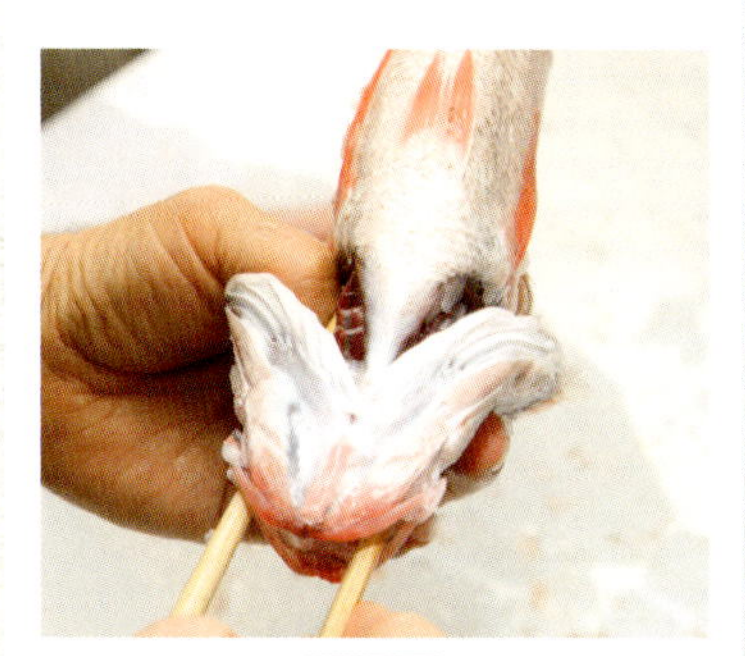

3

2本目の割り箸も同様にして差し込み、エラと内臓をはさむ。箸を回転させながら内臓を引き抜く。

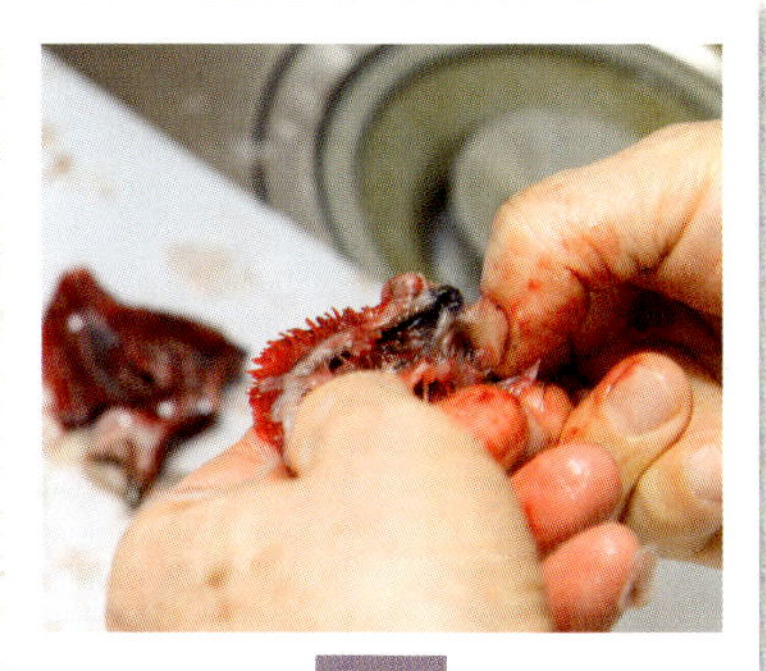

4

肝臓やエラを取り分け、残りの内臓を敷いた紙に包んで手早く処分する。

5

腹部を水洗いし、水気をふいた後、胸ビレを立てて頭をカマ下から切り落とす。

6

上身からおろす。尾に切り目を入れ、庖丁を寝かせて、尾の切り目から背の部分に庖丁を入れる。骨がとてもやわらかいので、力を入れず、骨に刃をのせる感覚で切り開く。

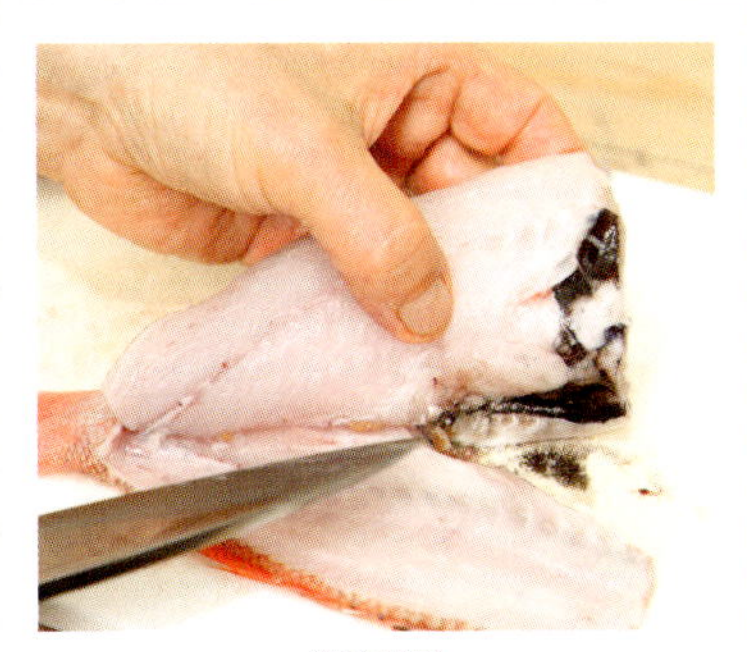

7

下身を切り離す。尾を左、背を手前に置き、中骨に庖丁をのせるイメージで切り進める。

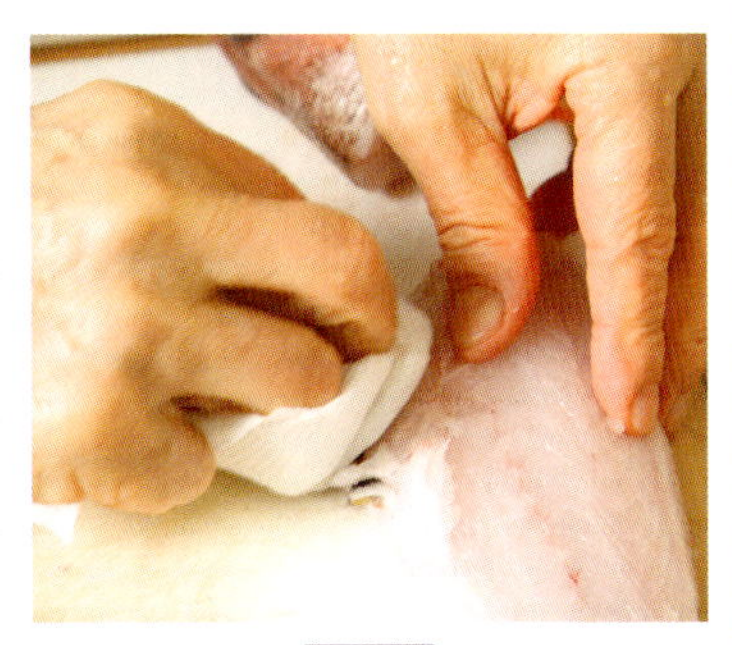

8

布巾で腹骨まわりの黒い膜をふき取る。身に残った中骨は硬いので、ピンセットで抜く。

9

おろした身は、皮と皮を合わせて置き、色が飛ばないようにする。場所があれば、皮目を下にして置くとよい。

金目鯛

きんめだい

近年、最も出世した魚の一つ。生でも加熱しても、洋食でも中華でも、おおよそできない料理がないので、扱いを知っておくととても便利。見た目がよく高級魚のイメージが強まっているので、どんどん使いこなしたいものです。

金目鯛のしゃぶしゃぶ

キンメダイの料理の中でも、伊豆の旅館や釣り宿などで人気が高い料理です。皮を付けたまま、身を厚めのそぎ切りにします。

 ● 金目鯛 ■作り方は161ページ

金目鯛のお造り

鳴子蘭　山葵

刺身として味わうには、キンメダイはおいしい時期が３～４月と大変短いので、逃さずに提供したいもの。身は、大きめに切る方がおいしく感じます。

■作り方は161ページ

金目鯛のかま塩焼き

魚のおいしさを最もシンプルに楽しませます。カマに塩をしてひと晩おき、充分に塩をなじませる下ごしらえがことのほか大事です。

活用材料＝カマ

使い切りのヒント〔2〕

カマ

エラの下の、胸ビレが付いた部分。よく動かしている部分なので筋肉がしまっていて味がよい。代表的な調理法は塩焼きで、すべての魚のカマが塩焼きとして喜ばれる。塩焼きして椀に入れるのもおいしい。甘辛い煮付けにしても美味。

金目鯛のにゅうめん

焼いたキンメダイをのせ、あつあつの味噌汁を張ってバターを落とします。体を温める料理ですが、熱い夏こそ、冷房の効いた部屋で提供したい麺メニューです。

金目鯛の煮付け

カマや尾を煮付けた大衆的な料理ですが、キンメダイのおいしさを最も引き出す一品。調味の際、味醂ではなく砂糖を使うのがコツ。

 ■作り方は162ページ

金目鯛の一夜干し

簡単に買える一夜干しですが、自分で作るとびっくりするほど味がよいものです。手間はかかりませんので、挑戦してみましょう。

金目鯛の兜焼き

骨がやわらかく水っぽいキンメダイは、焼くだけで頭が全部食べられます。見栄えがよいのも魅力です。ビール向きのつまみ料理です。

活用材料＝カブト

金目鯛の宮重和え

腹骨についた身をすき取り、その身を焼いて大根おろしと和えました。小鉢や突き出しなどにもなります。宮重とは大根のことです。

活用材料＝掻き身

おろすときのポイント

三枚おろしが基本

とにかく料理の幅が広い魚。刺身、焼き物、煮付け、揚げ物、干物などひと通りの和食はもちろん、しゃぶしゃぶや炊き込みご飯、フライや中華料理など何にでも使える。それに加えて頭や中骨、カマは焼き物に、ヒレはだしが出るのでヒレ酒や湯注ぎになど、ほとんど捨てることなくいろいろな料理にできる。干物や姿での料理にする場合を除いて、三枚おろしにして、各部位を使いこなすのが最も実際的だろう。

三枚におろすときは、頭を落とすより先に内臓を取り出し、それから頭をはずして身をおろす。

頭は、焼き物やだしを取るのに使うが、身を付けるようにおろす必要はない。上身が多くなるようおろして、上身をいろいろな料理に使う。内臓は、甘辛く煮付けたり、塩辛にしたり、茹でてポン酢で食べるのもおいしい。

本来の旬を大切に

キンメダイは深い海で育つため養殖ものはないが、冷凍ものを含め、一年中途切れずに手に入るので旬を意識していない献立が多いようだ。

本来の旬は12月から2月の厳寒期。旬の感覚を大切にして、表情のある料理に仕上げたい。

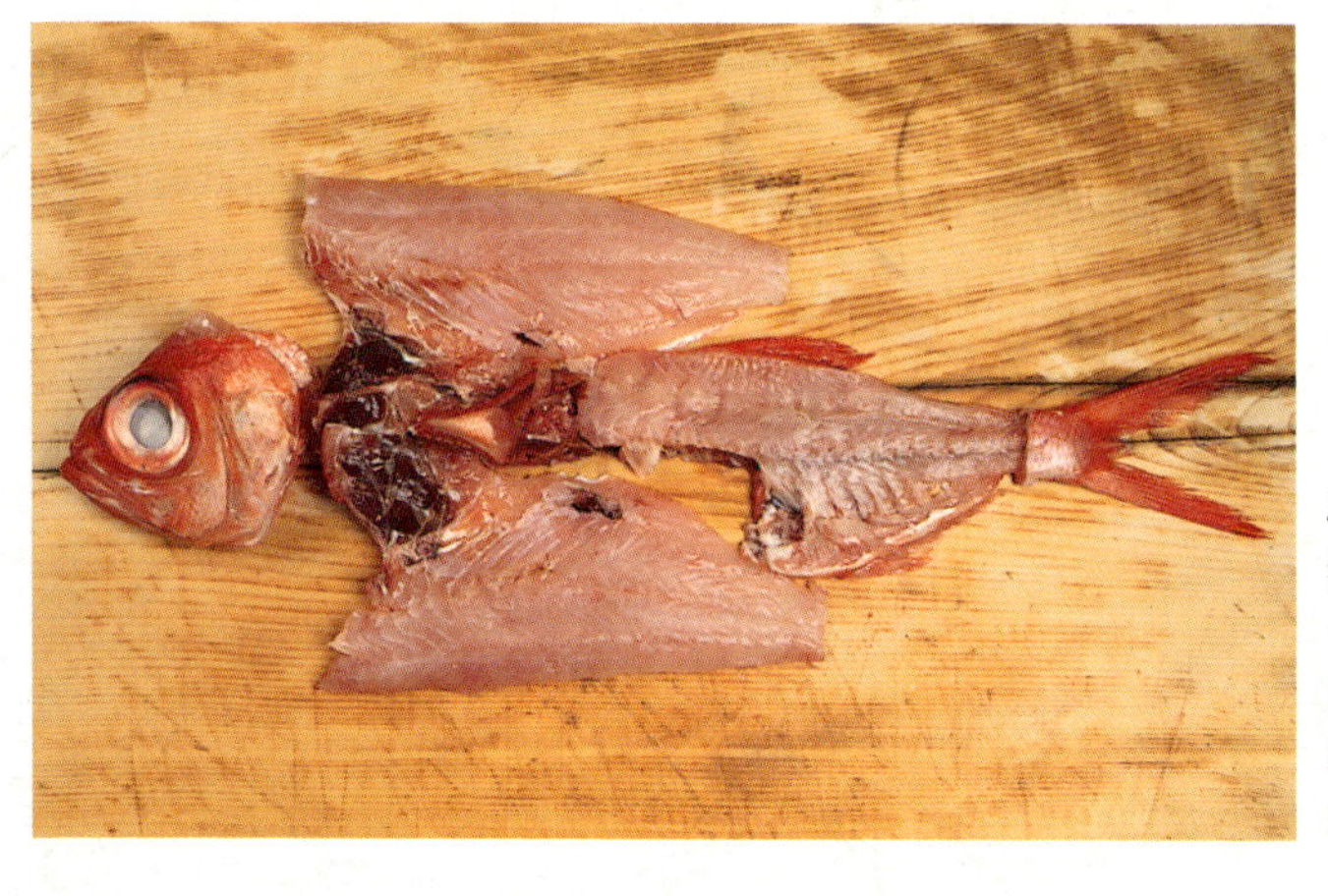

三枚におろし、上身・下身、頭、中骨に切り分ける。頭と中骨は焼くだけで食べられる。尾ヒレはヒレ酒や湯注ぎなどに使える。エラもきちんと下ごしらえをすれば食べられる。

三枚おろし

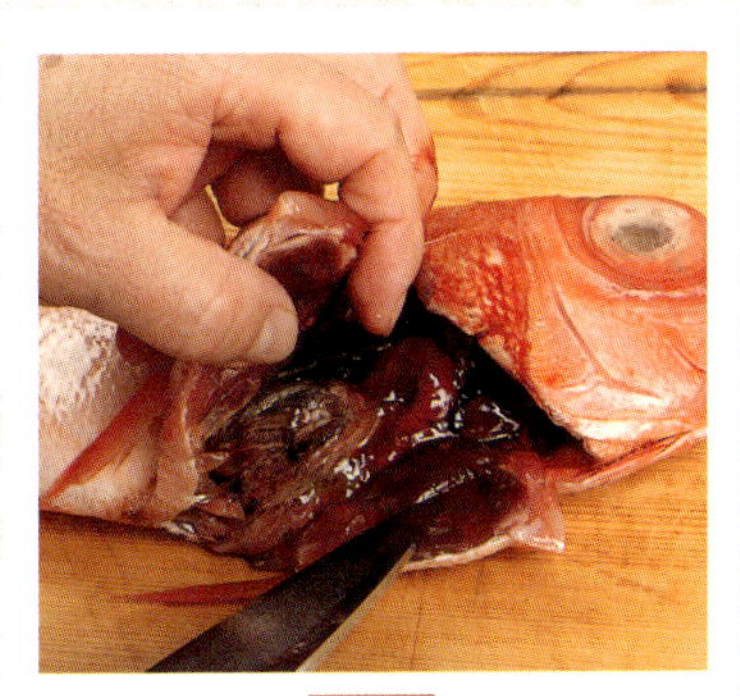

1

ウロコを引いた後、つりがねを切り、肛門まで切って腹を開く。

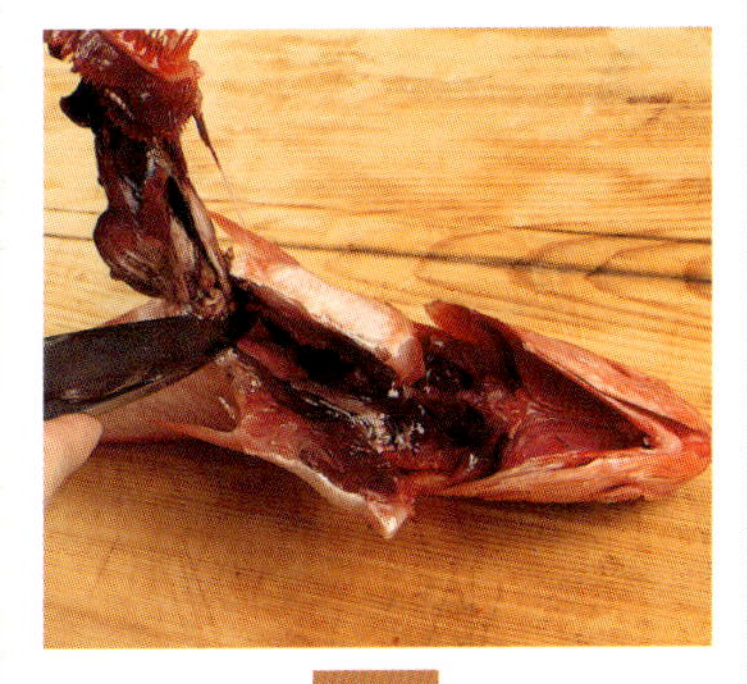

2

エラを取り出し、エラの付け根を切り離す。内臓も出し、腹の中を洗う。

3

頭を落とす。頭をご馳走にしたいときは身を多く残すようにする。

4

上身を取るために、①〜③の順に切れ目を入れる。②と③は返し庖丁。

5

上身を中骨からはずす。なるべく庖丁を入れる回数は少なくする方がよい。

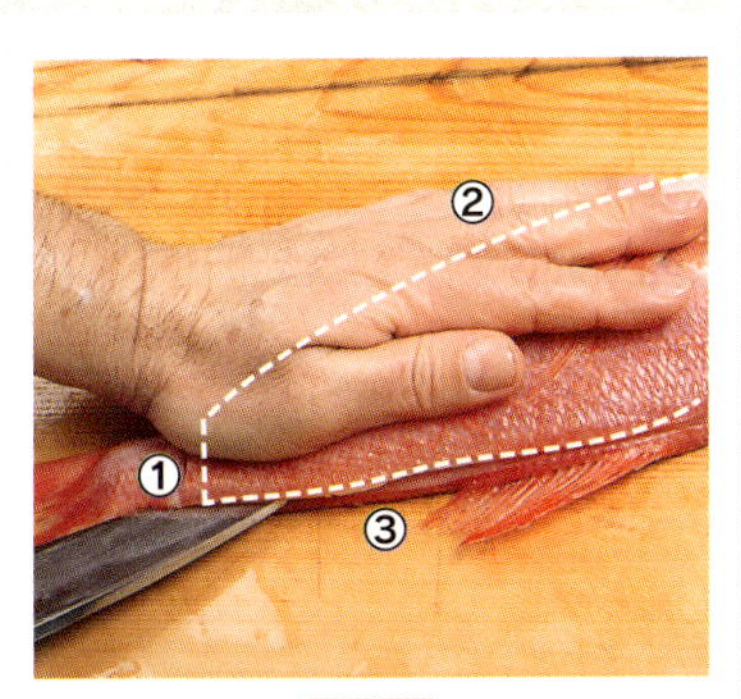

6

下身をはずす。**4**と同様、まず、身の輪郭に沿って３本の切り目を入れる。

7

庖丁を中骨に沿ってねかせ、身をおろす。

おこぜ

最近では割烹ばかりでなく居酒屋でも使いこなすようになっている人気の高級魚です。上品な白身の味わいに加え、すべてのアラからよいだしが出て活用でき、皮もおいしいとあって、使って損がありません。

おこぜ薄造り

独特の弾力ある歯応えを楽しませるには最適の料理。身の歯応えをよくするには、オコゼを前日におろし、翌日身が引きしまったところを〝角が立つ〟ように引いて盛り付けます。

おこぜのかまの唐揚げ

オコゼの代表的な料理。ここではカマを活用して作りました。余分な飾りは添えずにそのまま提供する方が、高級魚の貫禄があります。

 ■作り方は163ページ

おこぜの皮の湯引き

薄造りに添えることが多いオコゼの皮ですが、湯がいて和え物にしました。加熱すると皮が縮んで、独特の食感になります。

活用材料＝皮

使い切りのヒント〔3〕

皮

刺身などに引いた残りの皮にもいろいろな調理法があり、しかもおいしい。

代表的な調理法は、茹でてポン酢や酢味噌、レモン醤油で食べる、うなぎ串や木の枝に巻いてあぶり焼きする、油で揚げてポン酢で食べるの3通り。中でも最も手軽なのは皮をあぶり焼きする方法。塩を振ってカボスやスダチ、レモンを絞って食べる。タイ、ヒラメ、オコゼ、ハゼ、キス、スズキ、アジ、カツオなどほとんどの魚の皮がおいしい。焼くときは、春は彼岸桜、夏は黒文字など、季節の木の枝を使うと風情が出る。

おこぜのサラダ

たっぷりの野菜とオコゼを、自家製マヨネーズのドレッシングで。ドレッシングに醤油や赤おろし、レモンも少量加え、後を引く味を生み出しています。

 ■作り方は163ページ

おこぜの蒸し物

オコゼの淡白な旨味を閉じ込めた、上品な蒸し物。一緒に餅や豆腐、クルミも加え、食感の出会いを楽しんでもらいます。特に餅が喜ばれます。

おこぜの吸い物

胸ビレを活用した吸い物です。オコゼはだしがよく出るので、すべての部位がムダになりません。生姜汁をしぼって香りを足します。

活用材料＝胸ビレ

おこぜの味噌汁

オコゼの汁物はすっぽん仕立てが有名ですが、味噌汁も手軽で美味。中骨や身から時間が経つほどだしが出るので、よく煮出します。

活用材料＝中骨

■作り方は164ページ

おろすときのポイント

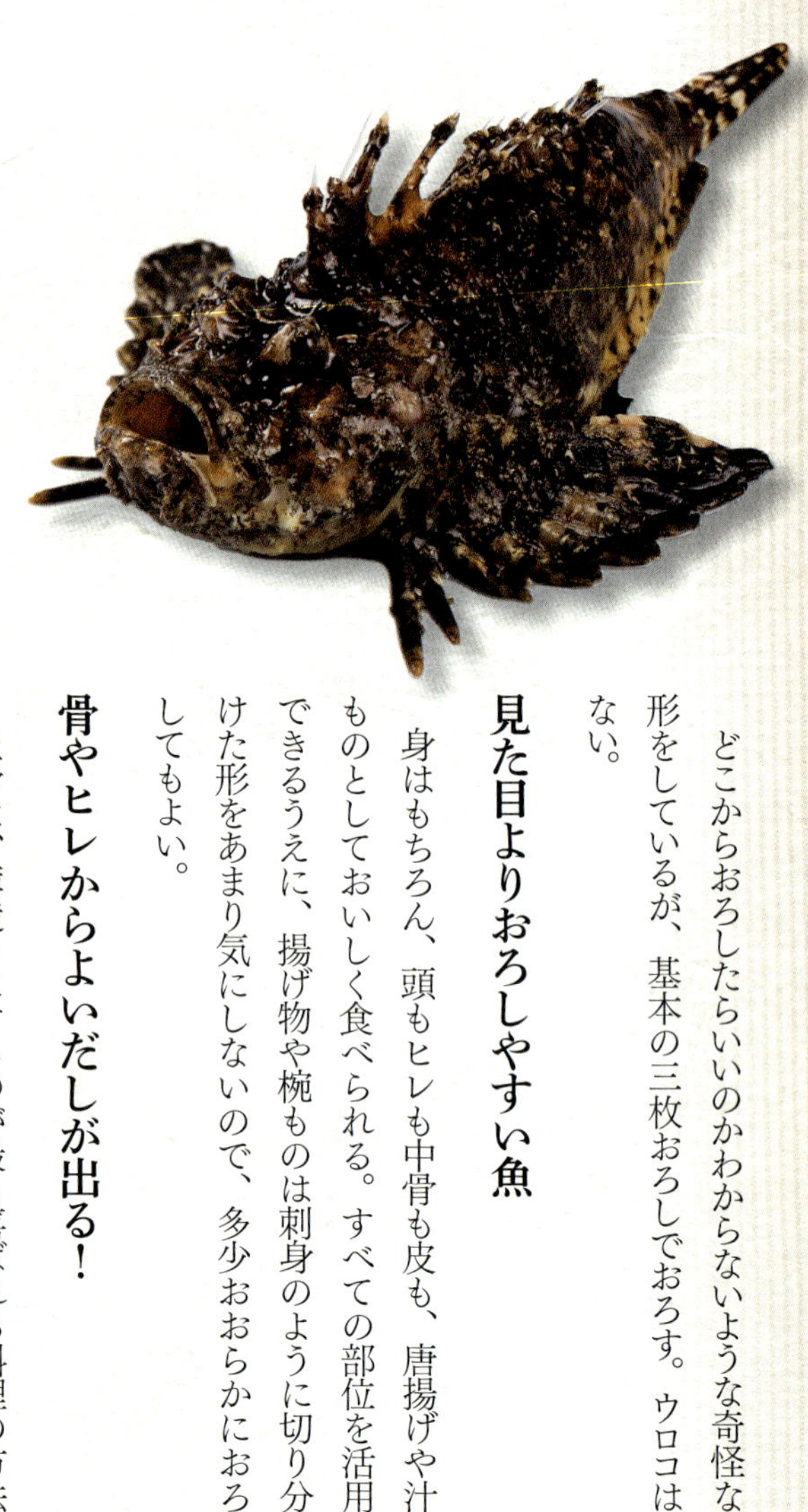

どこからおろしたらいいのかわからないような奇怪な形をしているが、基本の三枚おろしでおろす。ウロコはない。

見た目よりおろしやすい魚

身はもちろん、頭もヒレも中骨も皮も、唐揚げや汁ものとしておいしく食べられる。すべての部位を活用できるうえに、揚げ物や椀ものは刺身のように切り分けた形をあまり気にしないので、多少おおらかにおろしてもよい。

骨やヒレからよいだしが出る！

上身は、薄造りにするのが最も喜ばれる料理の方法。カマは吸い物や唐揚げに、頭や中骨は汁もののだしに、皮は湯引きして小鉢料理にして食べ尽くす。

背ビレに毒があり、おろす時に注意しなくてはいけないが、現在では市販されるオコゼはほとんどと言ってよいほど最初から背ビレを切り取ってあるので、心配はないだろう。もし背ビレが付いたままなら、調理用ばさみで2㎝ほど切り取ればよい。

三枚におろす手順では、頭より先に内臓を取る。これは、オコゼのからだの構造上、先に頭をはずしてしまうと、身がぐにゃっとなり、内臓を取りにくくなるからだ。アイナメも同様で、身がやわらかい魚は、先に内臓を取ると覚えておく。

1

背ビレをハサミで切って毒を処理する。最初から除いてあるものが多い。

2

腹を上に向けて置き、エラブタの下のつりがねを切り離す。

3

切り離したつりがねから肛門までを切る。

三枚おろし

4

内臓を取り出す。ただし、膀胱・胆のう・脾臓は臭味が強いので使わない。

5

中骨にくっ付いているエラをはずし、エラの付け根を切って引っ張り出す。

6

水洗いしてから頭を切り離す。

7

頭を2つに割る。脊髄は最も硬いので、中心を少しずらして切る。

8

胸ビレをそぎ取った後、他の三枚おろしと同様、身の輪郭に沿って切り目を入れて上身をおろす。

9

下身をおろす。**8**と同様に切り目を入れてから下身を中骨からはずす。

10

上身·下身からそれぞれ腹骨をそぎ取り、皮を引いて取る。さらに薄い皮があるので、これも引く。

三枚におろして上身、下身から胸ビレと腹骨をはずす。中骨は食べやすい大きさに切り分け、尾ヒレも切り離す。上身·下身から取った皮も利用価値があるので捨てない。

まながつお

用途の広さを誇る魚がある一方、マナガツオは調理の幅が大変狭いのが特徴。身のきめの細かさ、独特の香りは西京漬けが最も合います。頭や中骨、ヒレすら西京漬けでおいしいのです。鮮度のよいものは刺身にもなります。

まながつおの西京焼き

マナガツオを代表する調理です。冷めても味がよく身が硬くならないので、お弁当にも利用できます。波打たせて串を打ち、見栄えよく焼きます。

 ● まながつお ■作り方は164ページ

まながつおのお造り

黒染め牛蒡　甘草　おろし柚子

脂肪は少ないのにもっちりしてきめが細かくしかもやわらか。他の魚では例えられないおいしさです。特に関東では滅多に出会えない味。

まながつおのあらの西京焼き

身はもちろん、中骨や頭、ヒレすべてが西京漬けにして食べ尽くせます。二枚おろしで骨付きのまま味噌漬けにしてもよく、マナガツオを食べ尽くす最適の調理法と言えます。

活用材料＝中骨、頭、ヒレ

 ■作り方は164ページ

おろすときのポイント

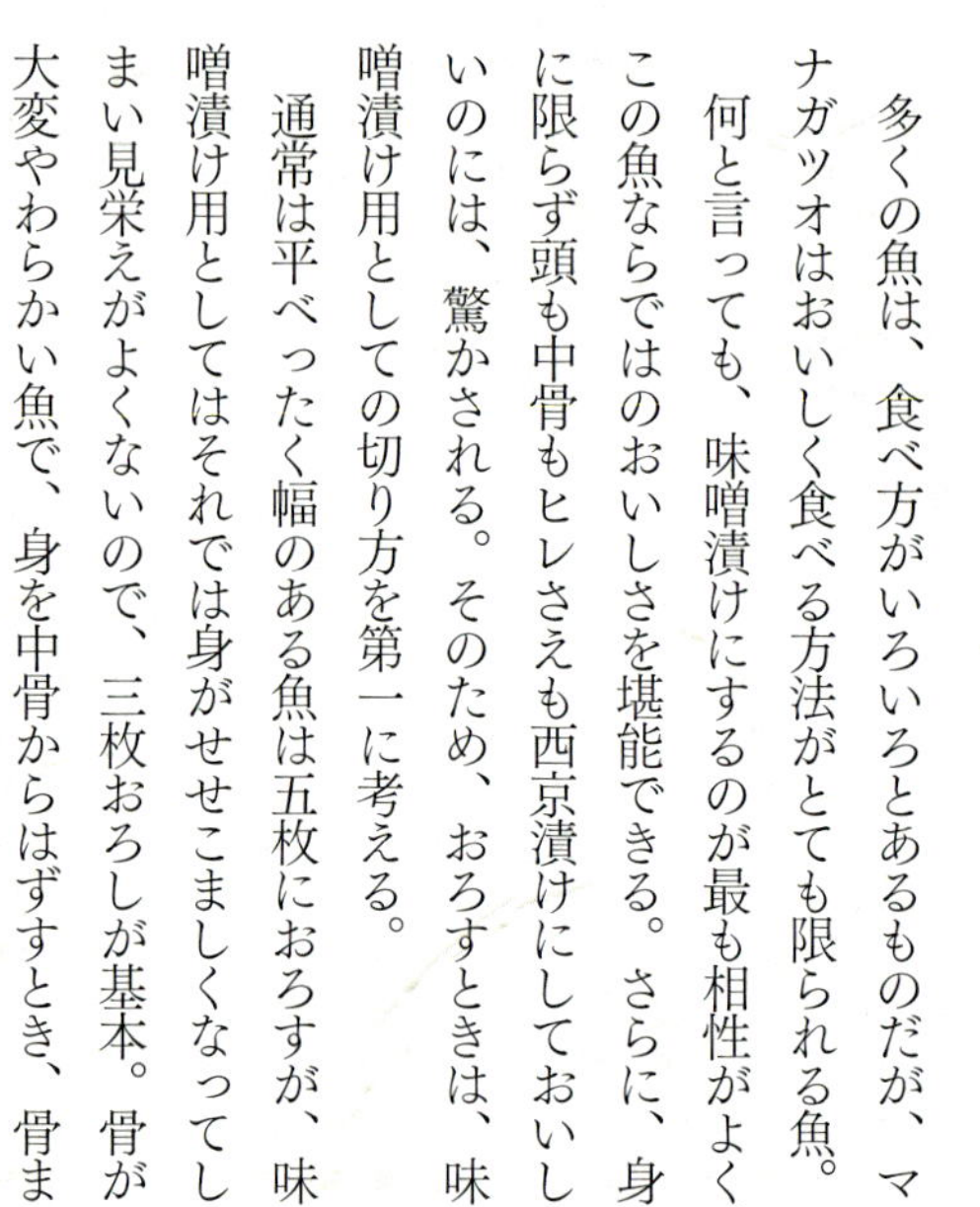

アラも身も中骨もすべて西京漬けに！

多くの魚は、食べ方がいろいろとあるものだが、マナガツオはおいしく食べる方法がとても限られる魚。

何と言っても、味噌漬けにするのが最も相性がよく、この魚ならではのおいしさを堪能できる。さらに、身に限らず頭も中骨もヒレさえも西京漬けにしておいしいのには、驚かされる。そのため、おろすときは、味噌漬け用としての切り方を第一に考える。

通常は平べったく幅のある魚は五枚におろすが、味噌漬け用としてはそれでは身がせせこましくなってしまい見栄えがよくないので、三枚おろしが基本。骨が大変やわらかい魚で、身を中骨からはずすとき、骨まで庖丁が入ってしまいやすいので注意したい。

三枚おろし

1

ウロコを取る。小さいものがびっしりあるので、ていねいに庖丁で取る。

2

胸ビレを切り取る。これは食べられない

3

頭を切り離す。やわらかい魚なので簡単。この後、内臓を取って洗う。

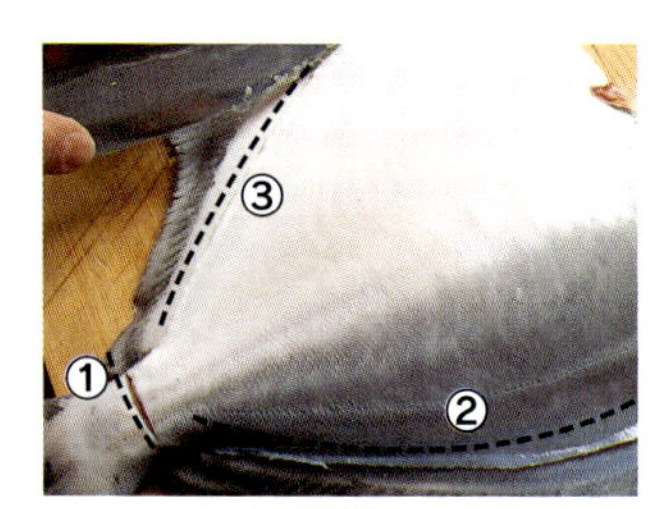

4

番号の順に庖丁で三ヶ所の切り目を入れ、身をきれいにはずしやすくする。

三枚におろした上身・下身と、頭を切り分けたもの、中骨、背ビレ、尾ヒレ。このすべてが西京漬けにして食べられる。

また、すべてがやわらかい魚なのに皮だけは厚い。味噌漬けにするときは皮に細かく1〜2㎜間隔の切り目をていねいに入れること。そうしないと味がしみこまず、かと言って皮を取るとおいしくならない。

なかな出会えないが、ごく鮮度がよいものなら刺身にするのもおすすめだ。刺身として味わう場合は、三枚おろしでは扱いにくいので五枚におろして刺身にする。

5

身をおろす。中骨にまで庖丁が入らないように気を付ける。

6

上身をおろす。**4**と同じ要領で切り目を入れてから、身を中骨からはずす。

西京焼きを漬ける手順

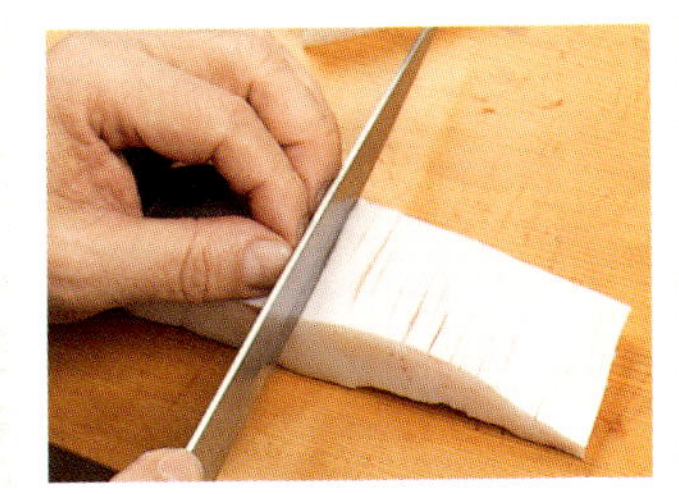

1

身を切り分け、皮に1〜2㎜幅の切り目を入れる。皮の厚み分の深さまで切る。

2

味噌床の材料をすべてすり鉢に入れ、よく合わせる。

3

漬け込む器に**2**を敷く。この上に焼酎で洗ったガーゼを敷き込む。

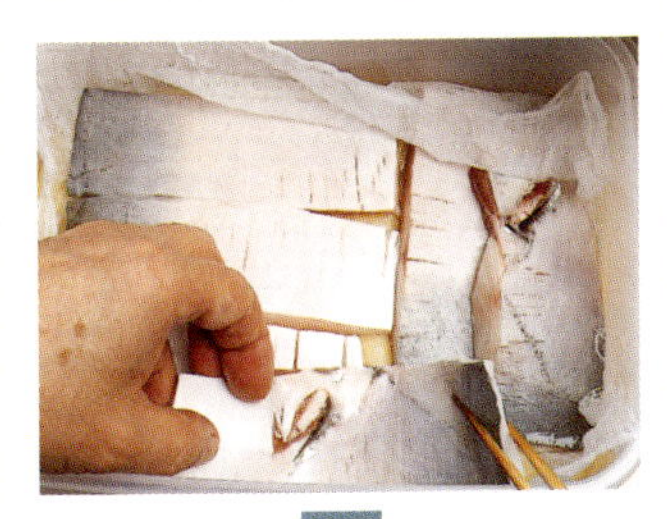

4

ガーゼの上に**1**のマナガツオをきっちりと並べる

5

マナガツオの上に焼酎をしみ込ませたガーゼを置き、上に味噌をのせる。

6

さらに魚を漬ける場合はガーゼを敷いてマナガツオを置き、再びガーゼをかぶせて味噌をかける。

きんき（喜知次）

他の魚にない上品な脂肪の旨味があり、高級魚としての風格を持つ魚。加熱をして旨味を持つのが特徴で、刺身では食べません。また揚げ物にもしません。身はもちろん、ヒレ、頭、中骨もおいしく風味よく味わえます。

きんきの塩焼き

算木生姜

塩焼きはごまかしがきかないからこそ、上質の脂肪と旨味を持つキンキに最適の調理法。赤い皮目を生かして美しく焼きます。

椀

きんき　筍　芽甘草　柚子

上質なキンキのおいしさを閉じ込めた椀としての一品。キンキは酒でいったん洗い、皮目を美しく焼きます。カツオのだし汁が合います。

 ■作り方は165ページ

きんき湯注ぎ

塩を振ってこんがりと焼いたヒレとすだれ骨を器に入れ、湯を張ったもの。食事の仕上げに、お腹に収まりのよい一品です。

活用材料＝ヒレ

使い切りのヒント〔4〕

ヒレ

魚には胸ビレ、背ビレ、尻ビレ、腹ビレ、尾ヒレがあるが、最もよいだしが出るのは胸ビレ。次が尾ヒレである。

ヒレの使い方は、いったん干してから焼き、日本酒を注いでヒレ酒とするのがよく知られる。湯を注いで魚のだしが出たところを味わう"湯注ぎ"もなかなか洒落た一品。焼いて椀に入れてもよい。

キンキやキンメダイ、タイといった赤い魚のヒレはだしが出る上、見栄えもよい。サバ、アジなども活用できる。

きんきひれ酒

塩をして焼いたヒレに熱燗を注ぎます。キンキはヒレからよくだしが出る上に見た目もよいので利用価値が高い魚。キンメダイも同様に使います。

活用材料＝ヒレ

きんきの兜塩焼き

木の葉生姜

塩を充分になじませてカブトの旨味を引き出し、焼いただけ。シンプルな手法ですが、カリカリと香ばしく、箸が進みます。

活用材料＝カブト

■作り方は165ページ

きんきの中おち塩焼き

芽甘草　椎茸揚げ浸し　おろし柚子

キンキは骨がやわらかく、焼くと表面に骨の中の脂が浮かび上がってきておいしく食べられます。付け合わせに相性のよい椎茸の揚げ浸しを添えました。

活用材料＝中骨

■作り方は166ページ

おろすときのポイント

キンキは高価な魚で、焼き物や煮付け、干物、蒸し物にするのが代表的。刺身では食べないものの、頭や中骨も焼けばおいしいし、ヒレからはよいだしが出る。ほとんど残すところがない。

キンキのおろし方には、二枚おろしや筒切りもあるが、頭も中骨もヒレもすべて使いこなすには、三枚おろしが最も好都合だ。

三枚におろしたものから胸ビレの付いたカマ、腹骨を切り分けて上身にする。カマを切り分けずに焼き物にしてもよい。下が切り取った腹骨。腹骨は焼いてもよいし椀に入れてもよい。中骨は背ビレをはずし、尾ヒレを取って切り分ける。背ビレは食べないので処分する。

先に内臓を抜くと仕事が早い

ここでは、頭をはずす前に〝つぼ抜き〟をしてから三枚おろしにする。〝つぼ抜き〟とは、腹を開かずに魚の口から割り箸でエラを内臓をはさむように差し込み、そのままねじりながらエラと内臓を引きはがして出す方法。腹を開かないので見た目がきれいで、しかも慣れるととても早く仕事ができる。魚の大きさが2kgくらいまでなら、この方法で内臓を取ることが可能だ。

内臓を取った後は、頭を落とし、身を三枚におろしていく。この時、中骨に少々身が残ってもあまり気にしなくてよい。中骨自体も充分に価値があるからだ。

すべてを味わえるキンキだが、残念だが内臓は臭味があって食べられない。エラは、よく洗って塩を振り、クセを取って焼けば充分に食べられる。

皮の赤い色を大事にする

キンキは赤い皮の美しさを大事にしたい魚。どの調理もまず塩を当てるが、このとき皮目を下にして塩に当て、空気に触れないようにする。せっかくの赤い色がとんでしまうと仕上がりの美しさが半減してしまう。

三枚おろし

1

新聞紙を敷きウロコを引く。胸ビレを立て、付け根のウロコも取る。

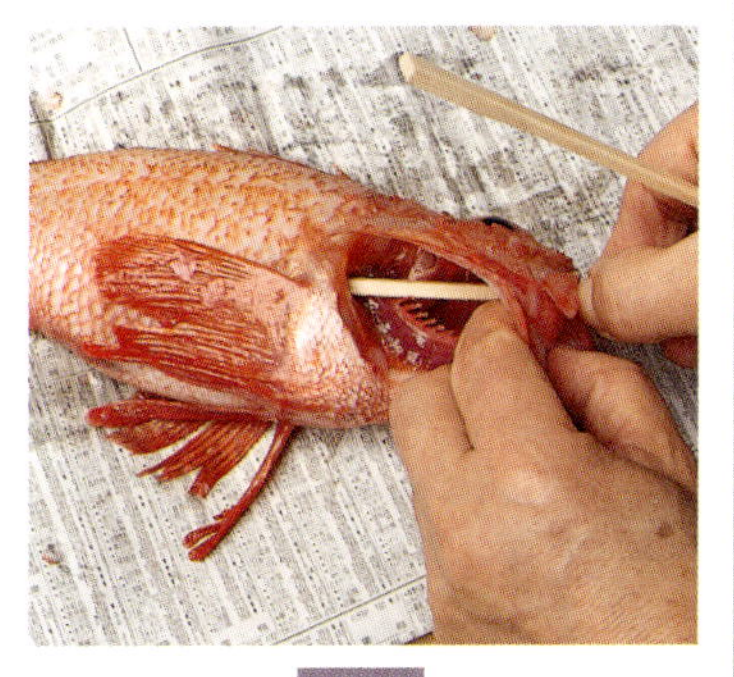

2

割り箸を口から1本入れ、エラの外側を通して肛門まで差し込む。

3

２本目の割り箸も同様にして差し込み、エラと内臓をはさむ。箸を回転させながら引き抜く。

4

腹部を水洗いした後、つりがねを切り、エラぶたを持ち上げて頭を取る。

5

三枚おろしに取りかかる。つりがねから腹を開く。

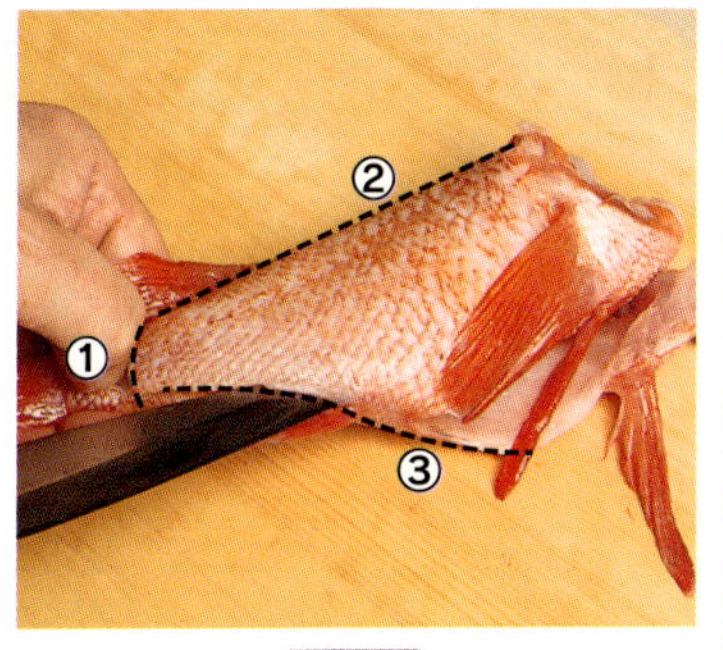

6

①～③の順で切り目を入れる。②と③は刃を上に向ける返し庖丁で切る。

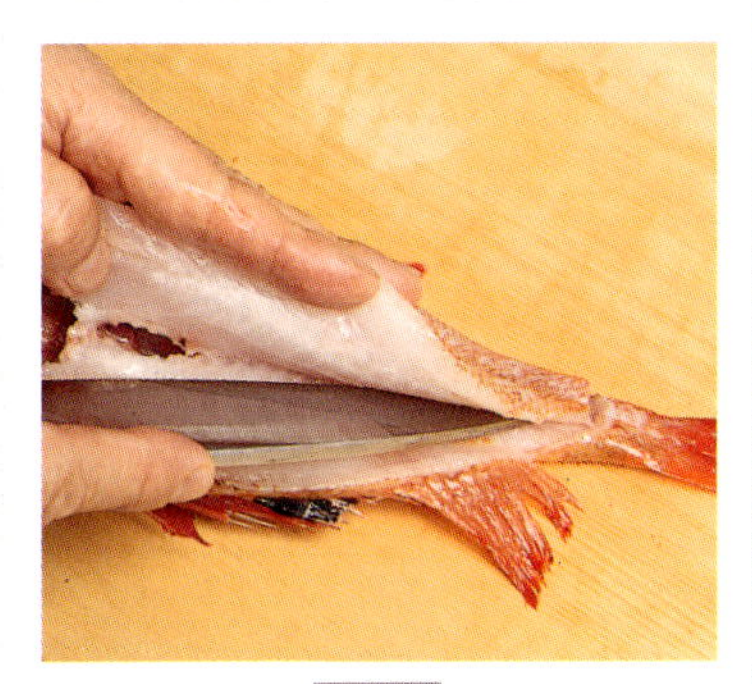

7

下身を切り離す。中骨の角度に沿って庖丁をなだらかに入れる。

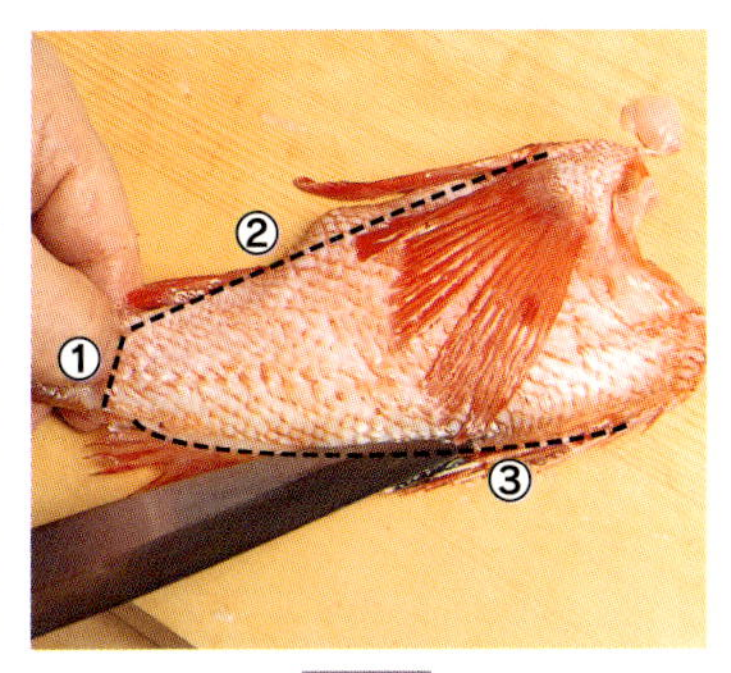

8

6と同様に①～③の順番で切り目を入れる。この後、上身をおろす。

9

中骨の背ビレを庖丁で切り落とし、中骨を3つほどに切り分け尾も切り離す。

甘鯛

あまだい

養殖ものがないため、入手が難しい高級魚です。身がやわらかいので、生食より加熱して食べる手法が豊富。中でもウロコを活かした料理の仕方が焼き物に残っていて、先人の魚を食べ尽くす意気込みを後世に伝えています。

甘鯛の興津干し

アマダイは頭がおいしい魚。これは酒に醤油や塩を加えた〝若狭地〟に浸し、こんがりと焼いたもの。タイやカマスでも喜ばれます。

甘鯛の酢押

アマダイは刺身にはしませんが、これは生のアマダイを割り酢にくぐらせてから提供する刺身風の一品。古くからある仕事です。

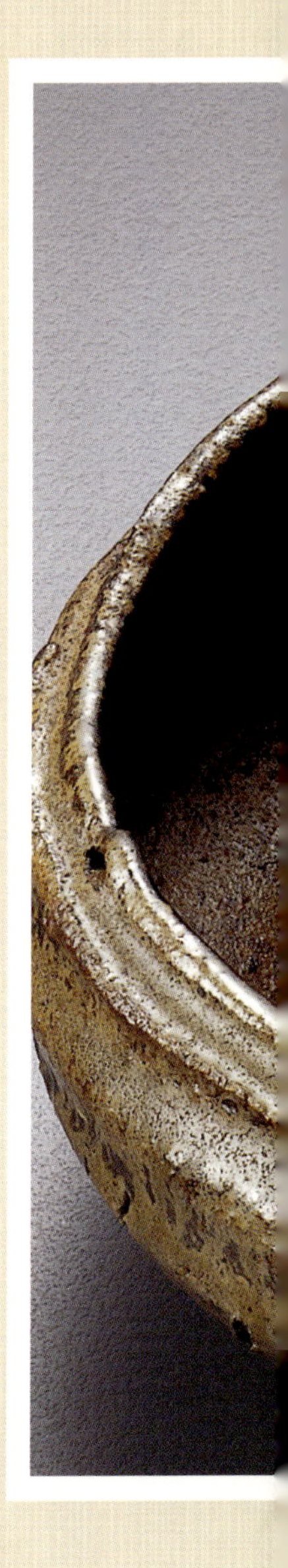

使い切りのヒント〔5〕

ウロコ

ウロコを使う料理は、古くから日本料理の仕事としてあり、決して興味本位の仕事ではない。タイ、コイ、アマダイ、キンキなどのウロコはばらばらのまま、油で揚げて塩を振るとビールのつまみになる。タイ3本分から10人前くらいの量ができる。

甘鯛の鱗の焼き物

すき引きしたアマダイのウロコを干し、焼いた素朴な料理。昔からある仕事で、ウロコのしゃりしゃりとした歯応えを楽しみます。

活用材料＝ウロコ

甘鯛の若狭焼き

酒をたっぷり使った漬け地に浸して焼く〝若狭焼き〟の手法で味わいます。パリッと焼き上がったウロコも香ばしいものです。

■作り方は166ページ

甘鯛の西京焼き

上品な旨味を持つアマダイの味噌漬け焼き。皮が硬くて焦げやすいので、焼き方が勝負です。仕上がりに煮詰めを塗ってつやを出します。

甘鯛の吸い物

中骨から出るだしを生かしたお椀です。中骨に塩を振り、充分になじませてから焼き、白身魚に合う昆布だしをはります。アマダイの料理にはユズを合わせるのが決まりです。

活用材料＝中骨

■作り方は167ページ

おろすときのポイント

アマダイは身がやわらかいため刺身にしにくい魚。焼き物や蒸し物などの加熱調理をして提供することが多い。

頭がおいしく味わえるので、タイと同じように大切に扱い、頭に身を付けて落としながら身を三枚におろす。

ウロコを生かす献立を持つ魚

ウロコを付けたまま調理する魚はあまり多くはないが、アマダイはそうした献立が古くからあり、ウロコを生かす使い方をするのが大きな特徴だろう。

そのような料理を作る際は、ウロコを付けたままでおろすことになり、ウロコで手やまな板がすべりやすいので、布巾などを敷く。

タイよりも骨が硬い魚で、力にまかせて切り分けるのではなく、関節を探し当てて切るのがコツである。

すだれ骨の処理をていねいに

骨が硬い魚であるアマダイは、すだれ骨を必ずはずす必要があることも覚えておきたい。すだれ骨も丈夫な魚なので、これを怠ると、料理を食べた人がケガをする心配がある。

中骨も硬いので、1～1.5kgのサイズのアマダイならば手でさぐって頭の方から片身16本ずつをはずせば、ほぼ安心だろう。

アマダイにはシロアマダイ、キアマダイ、アカアマダイの代表的な3種類がある。ここでは見栄えのよいキアマダイを使用した。

頭と上身・下身、中骨、ウロコに切り分けたもの。ウロコを取らずに身をおろすこともある。この状態の上身・下身からカマを切り分け、すだれ骨をそぎ取り、身に残るすだれ骨を抜く

三枚おろし

1

洗ってよくぬめりを取り、ウロコを取る。庖丁をねかせ、薄くすき取る。

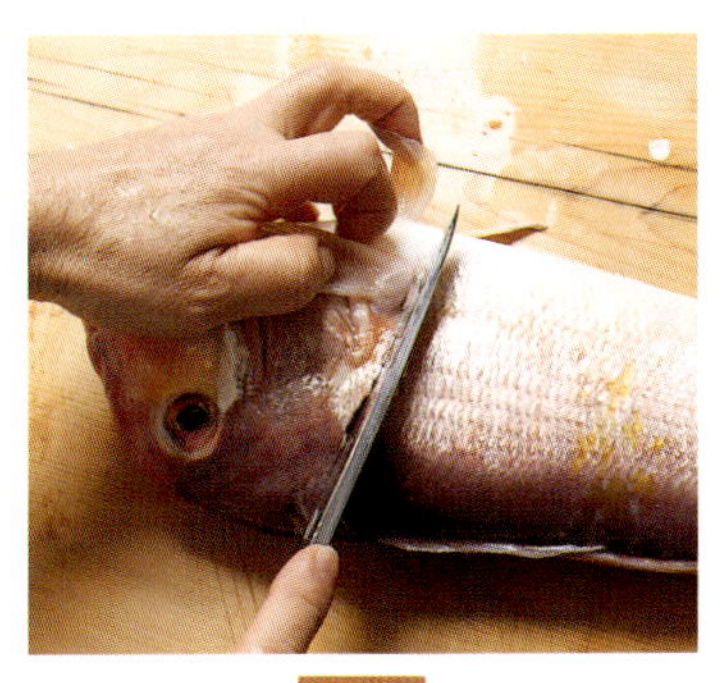

2

胸ビレを立て、付け根で頭をまっすぐに切る。内臓を取り出して洗う。

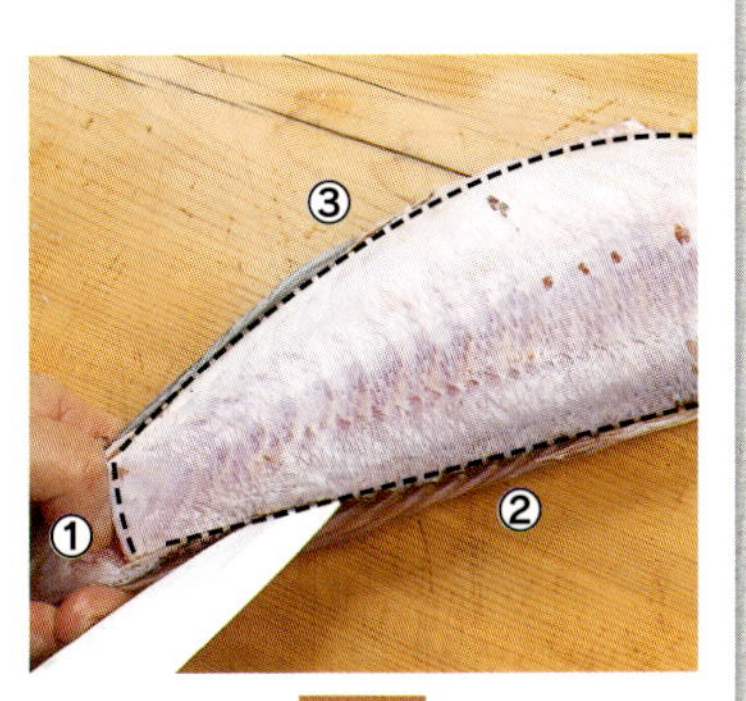

3

上身の輪郭に沿って、①〜③の順で切り目を入れる。②と③は返し庖丁。

4

上身をおろす。中骨が硬いので、ていねいに腹骨を切り離す。

5

3と同様に①〜③の順で庖丁で切り目を入れ、下身をおろす準備をする。

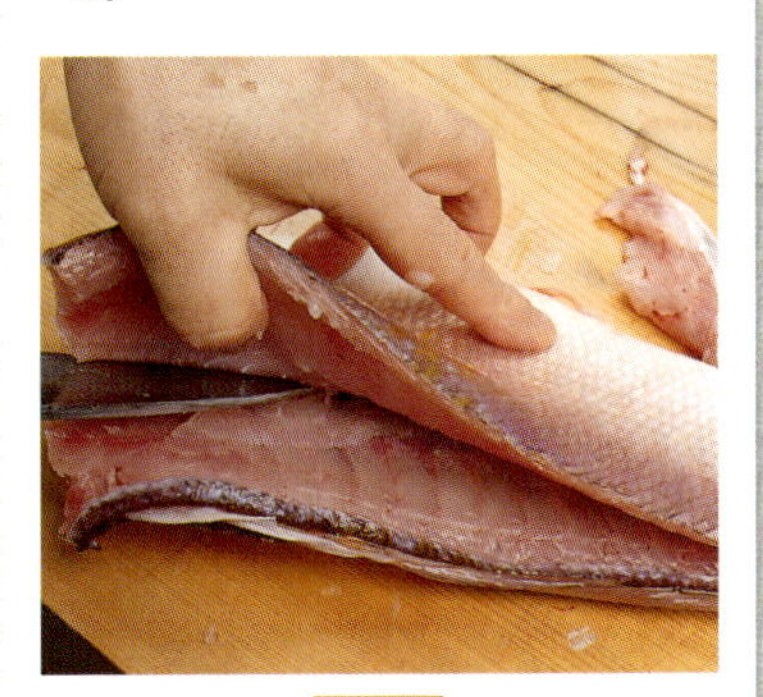

6

下身を中骨からはずす。中骨の上に庖丁をねかせて何回かに分けて切る。

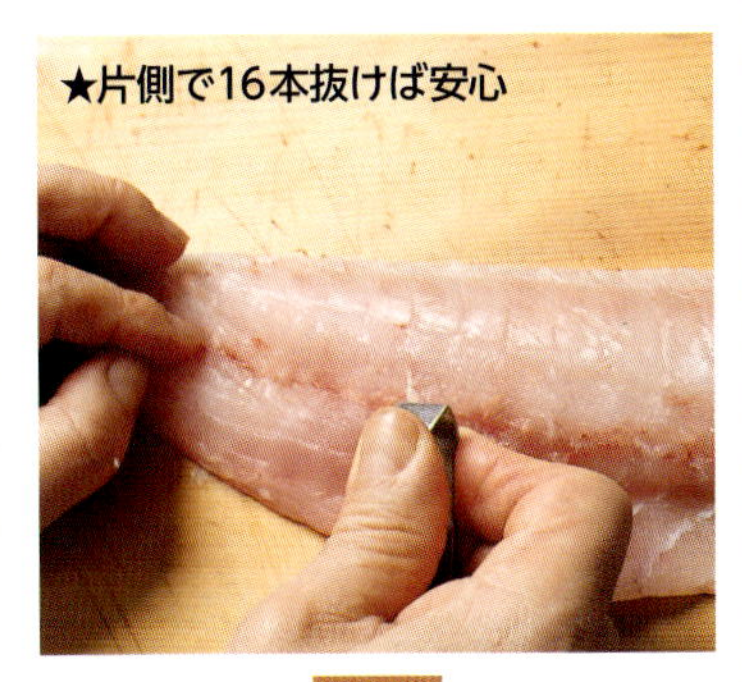

7

腹骨をそぎ取り、身に残った中骨を引き抜く。

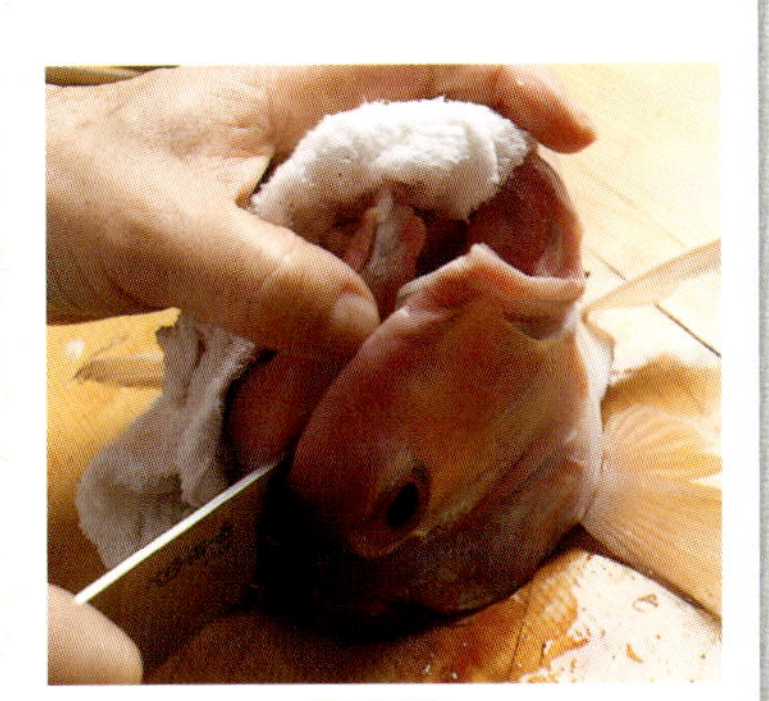

8

頭を2つに割る。布巾で頭を押さえ、上アゴの中央から庖丁を入れる。

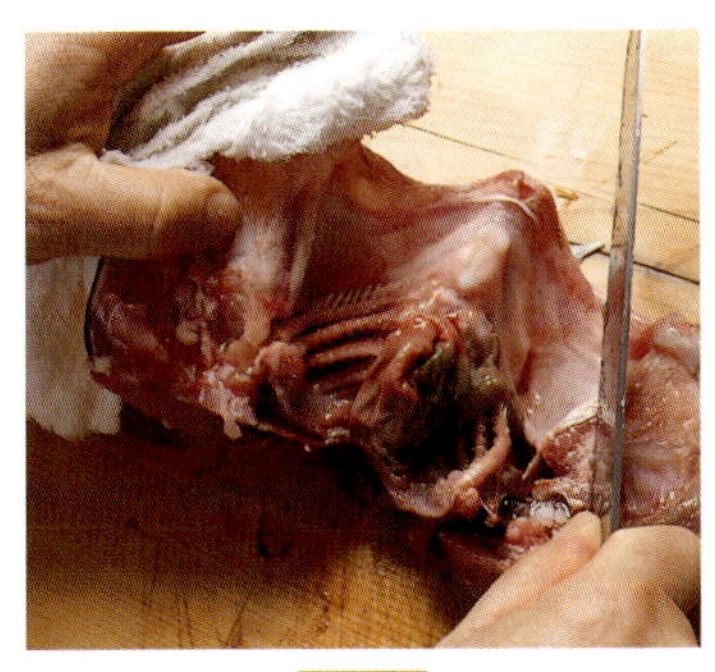

9

骨が硬くて真っ二つには割れないので、中心を1mmずらすと切りやすい。この後エラと内臓を取る。

鯛

たい

姿、色、味と揃った海魚の王。カブトやアラの味のよさはもちろん、ウロコも皮もヒレも料理になり、食べ尽くせます。天然ものの方がまだ味が上ですが、タイならではの高級感は健在。存在感のある料理に仕上がります。

鯛兜煮

タイのカブトはゼラチン質が豊富で最もおいしいところ。タイのおいしさを引き出すには、砂糖ではなく味醂を使うのがポイントです。

 ● 鯛 ■作り方は167ページ

鯛のお造り

大根　おろし柚子
春蘭　梅にく　山葵

タイの皮目に湯をかけ、皮のおいしさを味わう湯引きの仕事をした刺身です。かつらむきにした大根を大胆に使い、立体的に盛ります。

鯛白子の旨煮

筍とタイの白子を甘辛く煮合わせた、春らしい一品です。コクを出すために、胡麻油を少々加え、香ばしく煮上げました。

活用材料＝白子

 ■作り方は168ページ

鯛のあぶら炊き

香りのよい野菜や薬味類とタイの身に、熱した油を豪快にジュワッとかけてポン酢でいただく鍋。やや鮮度が落ちた身も活用できます。

鯛のお造り

大根　黒染め蓮根
あぶら菜　人参　山葵

形の違う器に同じ内容の料理を盛り付け、お茶の席で登場する〝寄せ向こう〟の趣きで盛り付けました。器には湯呑みを使っています。

■作り方は168ページ

鯛のかま、すだれ骨の塩焼き

そらまめ　酢取り生姜

カマや腹骨であるすだれ骨は、魚の最もおいしいところ。こんがりと焼いたところを、酒肴として季節のあしらいとともに楽しんでいただきます。

活用材料＝すだれ骨、カマ

使い切りのヒント〔6〕

すだれ骨

魚を二枚か三枚におろしたとき、腹骨側にある骨をそぎ取って身を整える。そのそぎ取った身の付いた骨のことをすだれ骨とよび、すべての魚のすだれ骨が活用できる。

すだれ骨はそのまま塩焼きにしたり、揚げることが多い。塩焼きにしたものを椀に入れたり、湯をかけて素朴な汁ものにしてもよいだしが出る。

刺身にできない部分を活用するので、刺身にできる部分までそぎ取ってしまっては本末転倒。

■ 作り方は169ページ

鯛の吸い物

タイは潮汁が代表的ですが、ここではカマとすだれ骨を塩焼きして汁をはりました。焼くことで骨の脂がじんわりと出て、潮汁に負けないおいしさです。

活用材料＝カマ、すだれ骨

鯛とあぶら菜の保科和え

タイの身と、春先に出るアブラ菜を和えた緑の鮮やかな一品。先付にもなります。タイ以外の白身魚を使ってもかまいません。

 ■作り方は169ページ

おろすときのポイント

タイはウロコもエラも皮もすべてが味わえ、ご馳走感も申し分ない。おろし方も魚の最も基本とする三枚おろしにする。

頭を生かすおろし方とは

すべての部位が使えるということは、どの部分も生かすようにおろすということでもある。例えば頭の落とし方。タイはカブトの価値があり、味もたいへんよいので、頭に身を付けて切り口をまっすぐに見栄えよく切り落とす。斜めに切ってしまうと、身にムダが出る。カブトを切り分けるときにもまな板の上で安定しないので切りにくい。

ただし、カブトの料理を作らないなら頭の落とし方を変える。頭になるべく身を残さないようにして付け根ぎりぎりで頭を落とし、上身を少しでも大きく取る。これはアマダイやカンパチなどでも同じで、カブトで価値のある一品を作るなら贅沢にカブトを落とし、そうでないなら上身を生かすようにおろす。

硬いタイをすんなり切るコツ

タイはウロコや骨が硬くておろしにくい面もあるが、切るポイントがわかりやすい魚でもある。例をあげると、頭を落とすときに胸ビレの付け根からウロコ3枚目のところに庖丁を入れると血が出にくく身も汚れない。

同様に、頭を梨割りにする場合は、真っ二つを目指すと途中で庖丁がつかえるが、中心から1㎜ほどずらす気持ちで庖丁を入れると、意外にすんなりと切れる。

1

コケ引きでウロコを取る。かなり飛び散るので新聞紙を用意する。

2

内臓を取るためにつりがねに切り目を入れ、つりがねから肛門まで切る。

3

血管をくずさないように内臓を取り出す。エラも取る。この後腹部を洗う。

三枚おろし

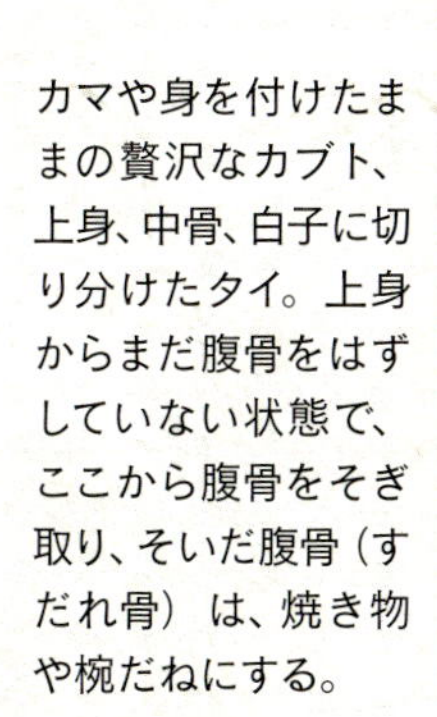

カマや身を付けたままの贅沢なカブト、上身、中骨、白子に切り分けたタイ。上身からまだ腹骨をはずしていない状態で、ここから腹骨をそぎ取り、そいだ腹骨（すだれ骨）は、焼き物や椀だねにする。

4

頭を切る。胸ビレの付け根からウロコ3枚目のところでまっすぐ切る。

5

タイを返し、同じように胸ビレの付け根からウロコ3枚目のところに庖丁を入れ、頭を切り離す。

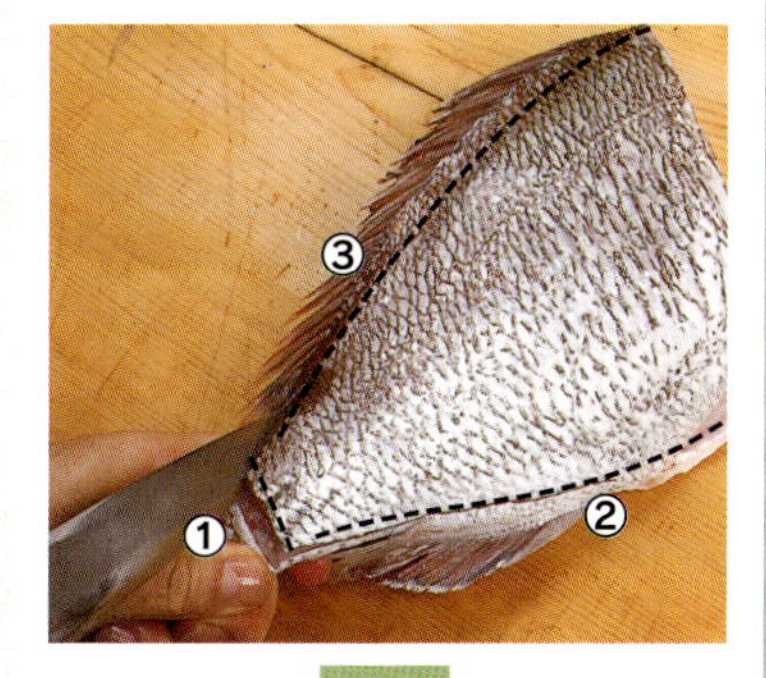

6

①〜③の順に切り目を入れ、身をおろしやすくする。②と③は返し庖丁。

7

②の切り目から庖丁を入れて身を切り開き、中骨からはずす。

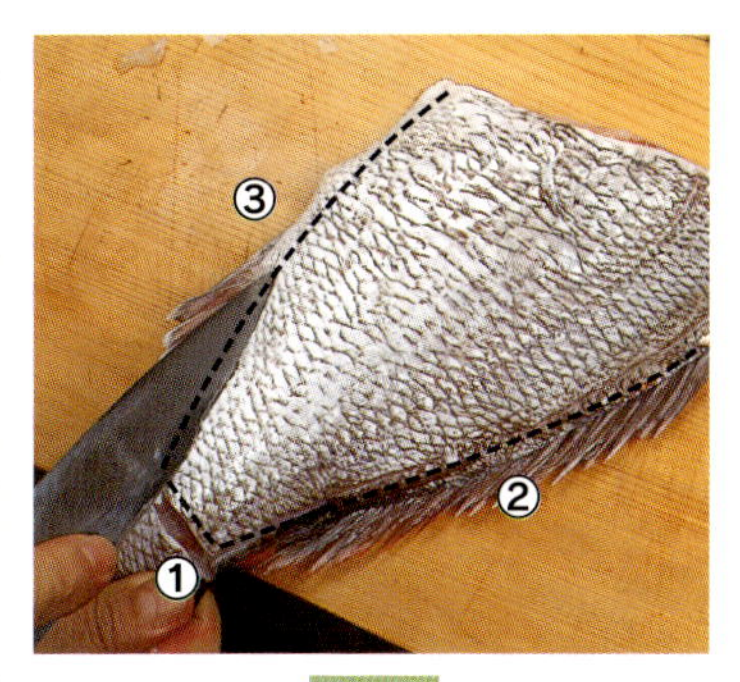

8

上身も、手順**6**と同様に身の輪郭に沿って 3本の切り目を入れておろす。

9

頭を割る。布巾で頭を押さえながら、上アゴの中央に庖丁を入れる。

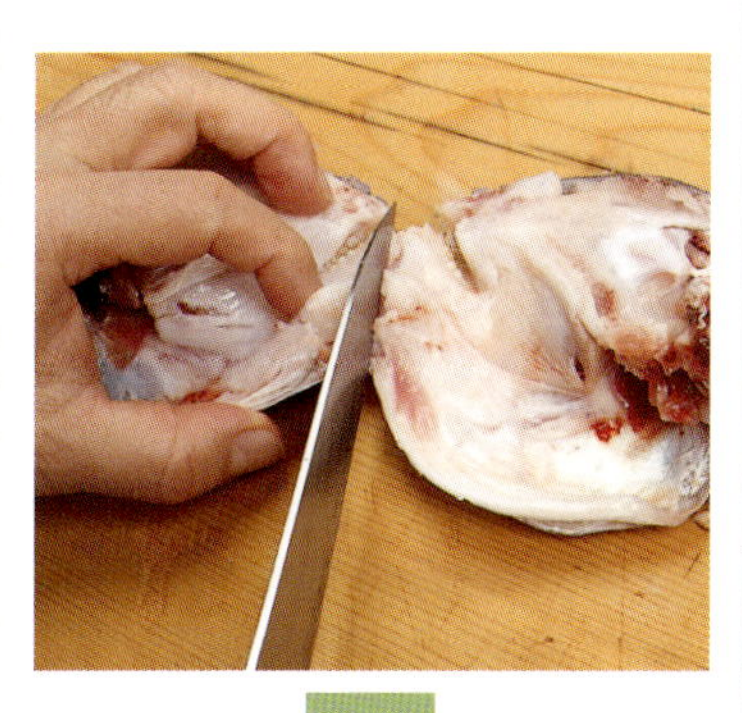

10

切り開く。すでにエラは取ってあるのであまり汚れていない。

平目

ひらめ

養殖ものはまだまだ天然ものにかないませんが、ヒラメだけは別。天然ものと変わらないおいしさがあります。ただ養殖ものは保存がきかないので、日持ちさせる調理の工夫が必要。用途は広く、身もアラも使い尽くせます。

火取り平目

大根　金時人参
山葵　黒染め蓮根
石蕗（つわぶき）　梅酢　醤油

ヒラメの皮のおいしさを楽しませるお造り。熱した金串を当てて焼き目を付けます。こうすると養殖ものが天然ものに負けない味です。

平目昆布じめ

甘草　黒染め牛蒡
山葵　梅酢

昆布の旨味をヒラメの身に充分に移したお造り。あくる日もおいしく、しかも養殖ものが天然ものと変わらない味に変身します。

 ■作り方は170ページ

使い切りのヒント〔7〕

中骨

三枚におろしたときの背骨を中心とする骨のこと。中落ちとも呼ぶ。この骨には中に脂やコラーゲンの旨味があり、そのために焼いたり揚げたり煮たりすると旨味が外に出てくる。

カブトの扱いと同様、骨がやわらかいキンキやキンメダイの中骨は、じっくり焼くだけでおいしく食べられる。サバのように骨が硬い魚の場合は、焼いてから揚げると、全部味わえる。ヒラメは例外で、骨は硬いが、焼くだけで食べられる。カンパチやブリなどと大きい青魚の中骨は、どちらかというと煮る方がよく、大根などと相性がよい。

中骨でだしを取って汁ものを作るときは、生のまま煮出すより、一度焼いてから煮ると味がよくなる。

平目の障子

焦げやすく、全体を均等に焼く加減が意外に難しい焼き物。ヒラメの骨は頑丈な割に焼くだけでパリパリと食べられます。日本酒に合い、養殖ものでも活用できます。

活用材料＝中骨

平目不味(ふまい)好み

甘草　山葵

寒筍と寒ビラメを組み合わせただけですが、お互いを引き立て合う味と香り、歯応えは出会いもの。茶懐石に使われる料理です。

平目薄造り

下仁田葱　赤おろし　杏仁

フグのように薄く切り、ヒラメの身のしまったおいしさを楽しみます。ヒラメはしめてから一日おくと、薄造りにしたときに身の角がきれいに立ちます。

 ●平目 ■作り方は171ページ

平目の子磯辺椀

海苔　筍　葱　梅にく　柚子

ヒラメの子は上品なコクがあり、クセがあまりないので、割合に抵抗なく食べられます。椀だねにすると、香りよく味わえます。

活用材料＝卵巣

使い切りのヒント〔8〕

卵巣

魚の卵巣はビタミンが豊富。フグとカマスを除けばたいがいの卵巣（子）が食べられる。椀だね、煮物、塩漬けにするのが代表的な食べ方である。
味のよさでよく知られるのがイクラ、カラスミ、タラコ、ムツコ、タイ、ハモ。ひらメやスズキもおいしい。

平目の皮の焼き浸し

ヒラメの皮を焼き台で焼き、赤おろしとぽん酢で和えています。香ばしく、ねっとりした皮の口当たりがなかなかの珍味。エンガワも同様に焼いて加え、旨味を強めます。

活用材料＝皮

平目の兜 湯注ぎ

ヒラメのだしで楽しむ汁物。焼いたヒラメのカブトに熱い湯を注ぐだけでとても簡単です。カブトは塩を振ってひと晩おき、旨味を引き出しておくことが味の決め手です。

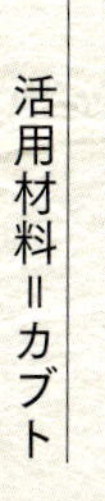

活用材料＝カブト

 ■作り方は171ページ

おろすときのポイント

幅が広く身が薄いヒラメやカレイは、上身・下身ともに中骨を境に背側・腹側と節ごとに切り分ける五枚おろしが基本となる。上身の背側を〝背の背〟、腹側を〝背の腹〟、下身の背側を〝腹の背〟、腹側を〝腹の腹〟と専門的には呼ぶ。

ていねいに、しかし大胆にウロコを取る

ヒラメでやっかいなのは小さくて硬いウロコ。尾の付け根など細かいところをていねいに取らないと、刺身にしたときなどウロコが身に移ってしまうので細心の注意を払いたい。ウロコを取るには、あまり慎重に庖丁を動かすとかえって皮を傷めてしまうもので、大胆に動かす方がうまくいく。皮も美味な魚なので、上手にウロコを取りたい。

ヒラメには、エンガワと呼ぶ背ビレと腹ビレに沿った筋肉があり、これを身に付けたままおろす方法と、骨に残しておいて身をおろし、あとからエンガワだけをおろす方法とがある。

後者の方が見栄えよくおろせるが、身に付けて一緒におろすと効率がよく、ここではそのやり方を紹介する。

料理によっては三枚おろしに

ヒラメのおろし方は、実は五枚おろしだけではない。ヒラメを刺身として主に使うときは五枚おろしがよいが、焼物や蒸し物といった刺身以外の料理にする場合は、三枚おろしにする方が料理にしたとき格好がつき、ロスが出ない。関西では三枚おろしをよく用いるようである。

1

ウロコを取る。庖丁を大胆に動かしながら細かいウロコを取っていく。

2

裏側もウロコを取る。尾の付け根のウロコを取り忘れやすいので注意する。

左の写真は、中骨と頭、ヒレ、肝、小腸、心臓、卵巣。ヒラメの中骨は、その形状から"障子"と呼ばれる。右写真は、エンガワを付けた上身・下身をそれぞれ中骨を境に切り分けたおろし身と皮。上から順に、〝背の背〞〝背の腹〞〝腹の背〞〝腹の腹〞と専門的な名称を持つ。

五枚おろし

3

エラを持ち上げ、頭を切り内臓を出す。この後、胸ビレを取って処分する。

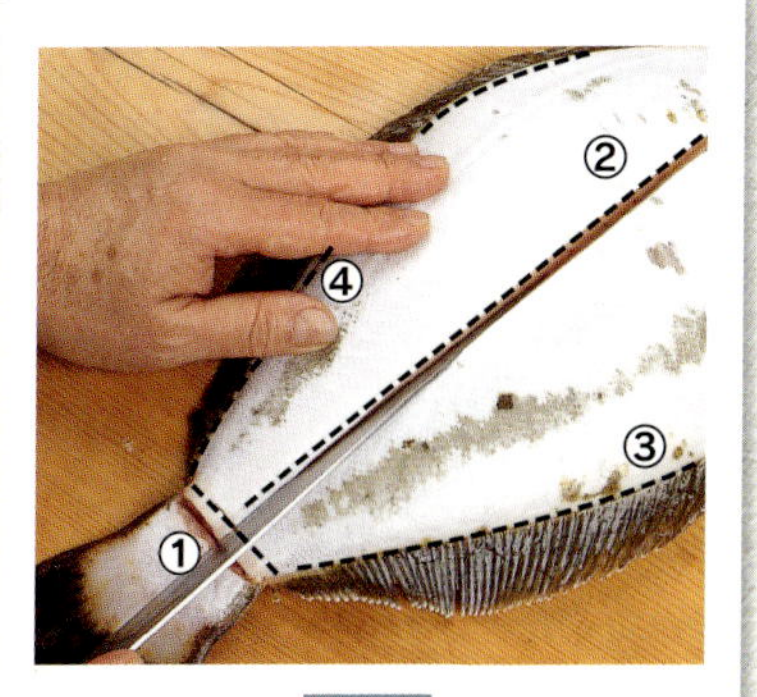

4

番号の順番で切り目を入れ、おろしやすくする。③と④は返し庖丁で。

5

中骨の上から庖丁をねかせて入れ、背側の身をおろす。

6

ヒラメの方向を変え、腹側の身をおろす。庖丁を何回か入れて切り取る。

7

反対側の身をおろす。**4**と同様に庖丁で切り目を入れ、腹側の身をおろす。

8

ヒラメの向きを変え、背皮の身をおろす。庖丁を中骨に沿ってねかせる。

鱸

すずき

養殖はしていませんが出回り量が多く、ごく一時期を除けば意外に価格が安いのが魅力。フランス料理やイタリア料理でも使われている通り、料理の幅が広く、白身魚の上品さを活かしながら大胆な料理が提案できる魚です。

鱸の洗い二種

酢取り防風　山葵

手前は〝湯洗い〟で奥は〝洗い〟。この2種類の洗いは、スズキの切りつけ方と、洗うときの湯の温度が違い、食べたときの食感ももちろん違います。

 ●鱸 ■作り方は172ページ

鱸のお造り

大根　黒染め蓮根
防風　梅にく　山葵

スズキの代表的な料理。そぎ切りした身を、蓼醤油で味わっていただきます。洗いは、本来は脂分が多いフッコ（小型のスズキ）で楽しませる仕事ですが、スズキでもおいしくいただけます。

鱸の塩辛

スズキの胃袋を使います。数ある魚の塩辛の中でも美味の部類です。特に熱燗に合います。好みでコノコや梅肉を混ぜてもよいでしょう。

活用材料＝胃袋

使い切りのヒント〔9〕

胃袋

多くの魚の胃袋は調理して食べられるが、カンパチ、タイ、スズキ、マグロなどの胃袋は比較的に大きく使いやすい。小型の魚だと手間がかかり使わないというのが実情のようだ。

スズキやタイなどの白身魚の胃袋は塩辛に、マグロなどの赤身の魚は煮て使うのが代表的。焼いたり茹でて和え物にすると、弾力のある歯応えを楽しめる。

 ■作り方は172ページ

鱸の奉書焼き（不昧公お好み焼き）

茶人としても名高い、松江藩の七代目藩主、松平不昧公が好んだといわれるスズキの料理です。スズキと野菜を奉書紙に包み、焼いた風流な一品。松江のスズキは旬が冬で、冬の料理としてお出しします。

三枚におろしたスズキ、椎茸、蓮根、酢取り生姜、杏仁、紅梅を奉書で包んで焼く。

 ● 鱸 ■作り方は172ページ

鱸のかま塩焼き

身がしまって脂がのったカマは特に味のよいところ。蓼酢を添えるのがスズキを提供するときの約束です。胸ビレは硬いので取ります。

活用材料＝カマ

鱸の薩摩揚げ

上身の他に掻き身なども活用して作る、手間がご馳走の料理です。生地をうまくまとめるには、塩とうま味調味料を加えることが大切です。

活用材料＝掻き身

使い切りのヒント〔10〕

掻き身

掻き身は、端身とも呼ぶ、おろしたときに出る形にならない身のこと。

赤身の魚の掻き身は、サラダに加えたり、山かけにしたり、丼ものにしたり、納豆和えなどに使う。白身の魚の場合は、生のままサラダに加えたり、焼いて和え物に加えたり、薩摩揚げの生地に使う。

掻き身は、魚をおろす際、掻き身用の経木などを用意しておき、生じる掻き身をこまめに集める。そうすると内臓や血が掻き身に移らず、生臭くならないので用途が広がる。

 ■作り方は173ページ

川尻椀

スズキの上品なしんじょうを楽しむお椀。白いしんじょうと白いウドを取り合わせ、すっきりとした景色を演出しました。

 ■作り方は173ページ

鱸の皮のあぶり

高級料亭やすし店がお得意さまに出す料理です。魚の皮を季節の木の小枝に巻いてあぶると、趣が出ます。ミズキの枝を使いました。

活用材料＝皮

鱸の南蛮漬け

揚げたスズキの身を、白梅酢のやわらかな酸味を生かした南蛮酢に漬けていただきます。歯応えがあって香りがよい野菜も漬け込みます。

鱸の湯注ぎ

スズキのアラを焼き、三つ葉や青じそを加えて熱い湯を注いだ汁もの。アラから脂が出て、しみじみと魚のおいしさを感じさせます。

活用材料＝アラ

器に焼いた中骨と、青じそや三つ葉を入れ、熱湯を注ぐ。

鱸の湯漬け

白飯に、焼いたスズキと香味野菜や胡麻をのせてお湯をかけます。簡単で素朴なのに、何度食べても飽きません。カマの身なども使え、いろいろな魚で同様に作れます。

 ■作り方は174ページ

おろすときのポイント

皮も胃袋もご馳走！

スズキは、あっさりした上品な身ながら活用の幅が広い魚。身は洗いや焼き物、蒸し物、椀だねが代表的。皮や頭、胃袋は味がよい部分で、中骨もエラもきちんと下処理すればおいしく食べることができる。

イタリア料理やフランス料理でも使われる料理の幅が広い魚なので、おろし方のコツを知ってあれこれと活用したい。

おろし方は、いわゆる三枚おろしと同じ手順だが、日本料理の世界では、スズキの場合は正式には長おろしと呼ぶ。ウロコや骨が硬いこと、中骨に白い膜が付いていて庖丁だけではおろせないなどの特性があるので、他の魚とは違った配慮が必要だ。

ケガに注意する

ウロコも中骨も硬く、特にエラぶたの付け根にあるうぐいす骨はまるでナイフのよう。ケガをしやすいので、気を付けてはずし、その後はすぐに処分する。頭を切り離すときは、中骨の関節に庖丁を入れるのがコツだ。

また、身を中骨からはずすには、中骨と腹部の白い膜がつながっていて庖丁では切れないので、手で引きはがす。他の魚にはない特殊なやり方だが、難しくはない。

1

ウロコを引く。庖丁をねかせて薄く切り取る。コケ引きを使ってもよい。

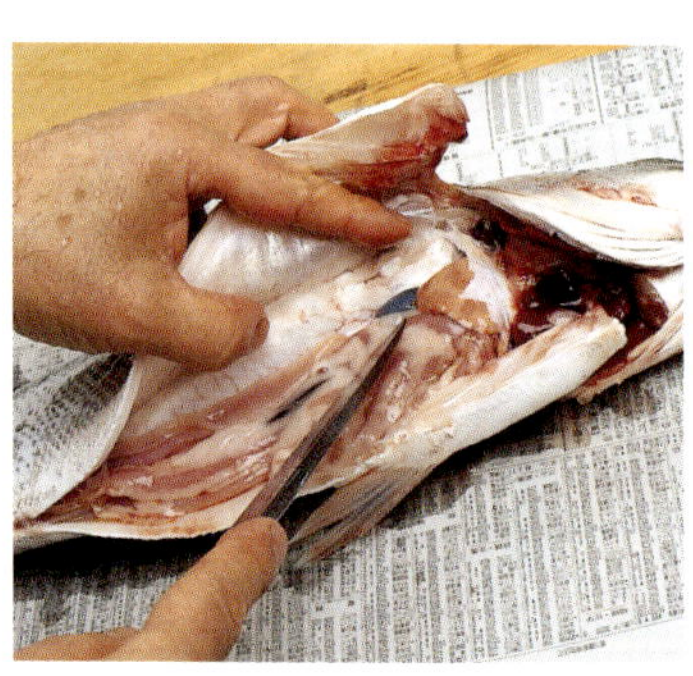

2

水洗いをし、つりがねを切って肛門まで開く。内臓を取りエラをはずす。

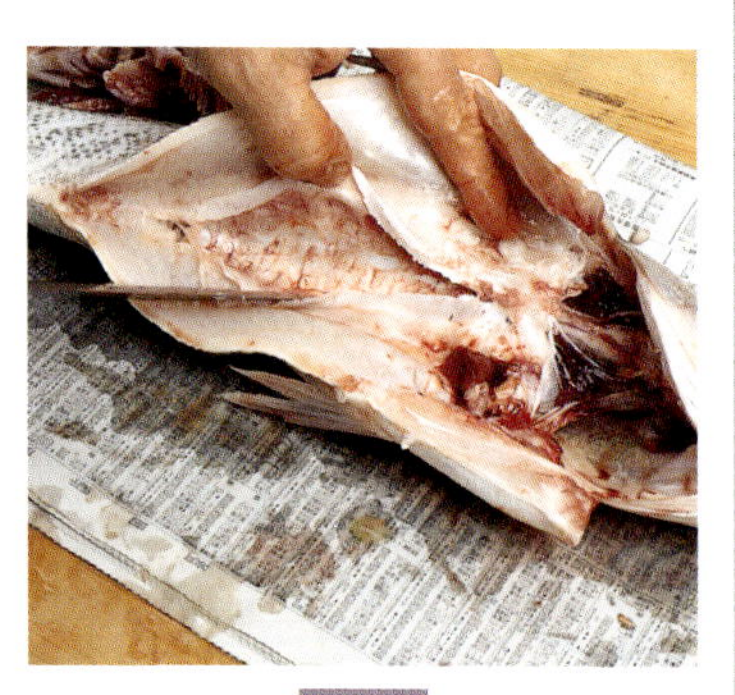

3

中骨に沿って庖丁を入れ、白い膜を指で引っ張って取る。この後洗う。

三枚おろし

4

エラブタの付け根にある鋭いウグイス骨をはずす。両面取り、すぐ捨てる。

5

頭を付け根ぎりぎりで切る。関節の間に庖丁を入れ、骨を切り離す。

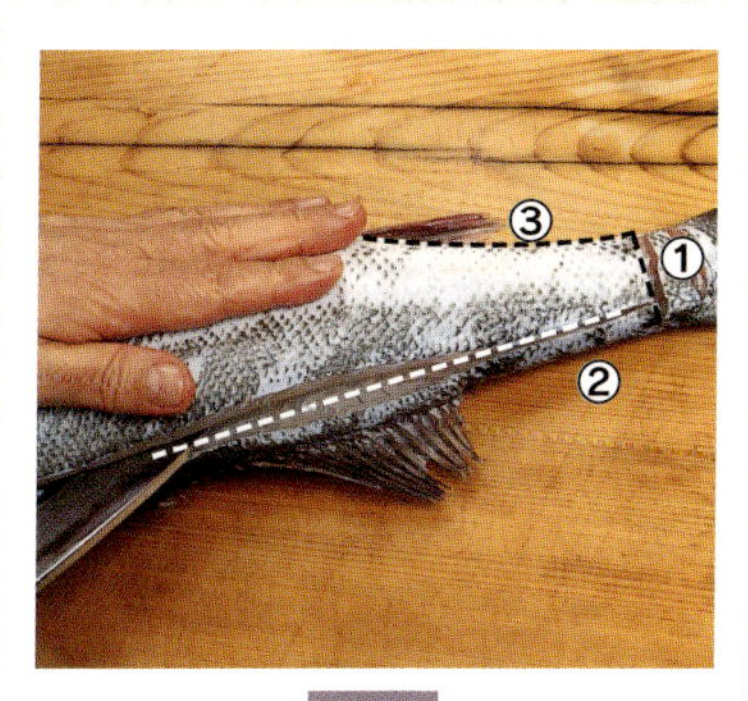

6

①～③の順で、下身の輪郭に沿って切り目を入れる。②と③は返し庖丁で。

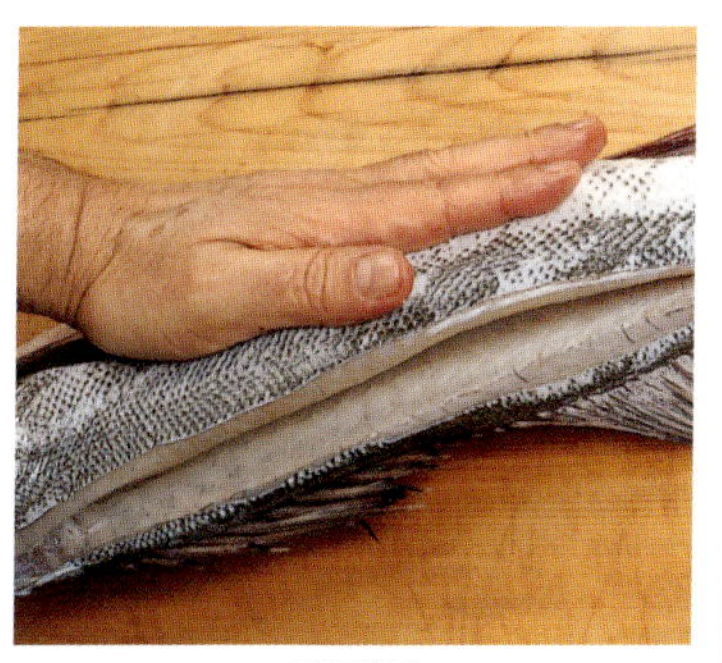

7

背から庖丁を入れて下身をはずす。中骨に沿って切り進める。

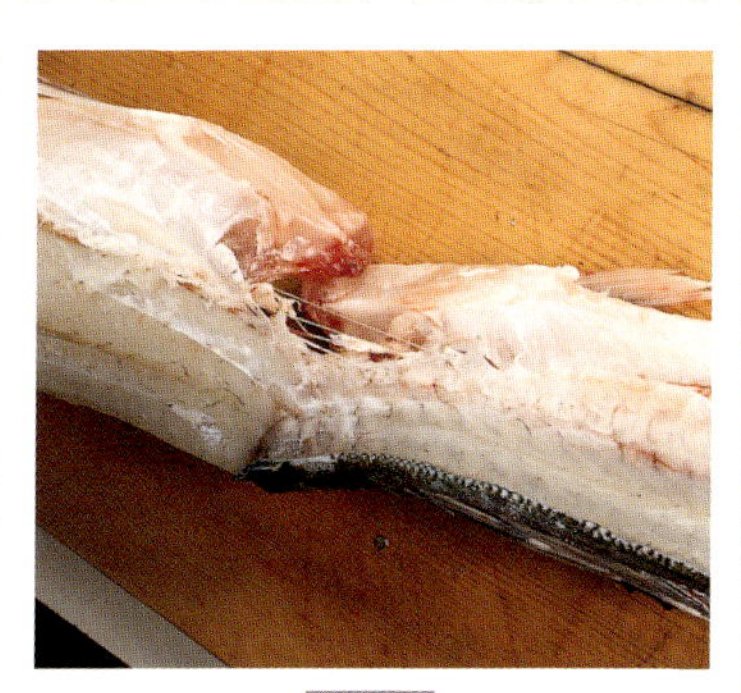

8

下身と白い袋が付いているところを手で引っ張ってはがし取る。

9

6の①～③と同じ手順で上身の輪郭に3つの切り目を入れてからおろす。

10

皮を引く。これは尾を右に置き、尾と身の間に庖丁を入れて、皮を右に庖丁を左に動かして引く"内引き"という方法。

上身、下身、中骨、頭、内臓とに分けたもの。この状態の上身と下身からそれぞれカマを切り離し、腹骨をそぎ取る。皮が旨い魚なので、引いた皮は捨てない。内臓は、胃袋で仕込む塩辛がおいしい。頭からもよいだしが出る。

鰯

いわし

青魚らしいクセが魅力で、鮮度のよい旬のイワシのおいしさは格別です。最近では漁獲量が極端に少ないときがあり、かつての大衆魚の面影はありません。入手できる機会を大切にして、身だけでなく頭も中骨も積極的に活用したいもの。

■作り方は174ページ

鰯のお造り

木の芽　生姜

脂が乗ったイワシのおいしさを存分に楽しませるならまず刺身。ここでは細切りにして、醤油とからみやすくし、見た目も品よく提供します。注文が入ってからおろすと本当においしいものです。

鰯の梅煮

木の芽

イワシの代表的な料理。料亭や居酒屋、家庭でもおなじみで、梅の風味がイワシのクセを和らげます。骨までやわらかく煮ることでやわらかさも楽しめます。木の芽はいったん茹でてからサラダ油をからめておきます。

 ■作り方は175ページ

鰯の塩焼き

木の葉生姜

イワシのおいしさを充分に楽しませるシンプルな一品。脂が乗った鮮度のよいイワシなら、こうして形よく提供しましょう。イワシは、Uの字に串を打って焼き、高さを出して盛り付けます。手に持って食べていただきます。

鰯の兜、中骨、潮濾しの唐揚げ

鰯の頭やエラ、中骨を半日ほど干して揚げたおつまみメニュー。干すときに塩を振らず、揚げてから塩を振ると塩気が濃くなりません。ハーブやスパイスを振るとさらに味のバリエーションが広がります。潮濾しとはエラのことです。

活用材料＝カブト、中骨、エラ

鰯梅里和え

クセがあるからこそお互いが引き立て合う、イワシと梅の和え物です。青魚全般に活用でき、応用もしやすいでしょう。梅肉のほか、生姜も合います。ニンニクやくるみを足すのもよいものです。

鰯のオイル漬け

木の芽

いったん焼いてオイル漬けにしたもの。長期保存ができ、先付や小鉢料理、酒肴としても提供できるので、取り入れたい手法です。身の片側を折り、串を打って焼くと、印象が違います。

 ■作り方は175ページ

おろすときのポイント

一般的にイワシというと真イワシを指す。おろし方は三枚おろし、小型のものは手開きが代表的で、イワシの大きさや用途によっておろし方を変える。

大きいものは三枚おろし、小さいものは手開き

三枚おろしは、料理の用途としては刺身や天ぷらに、手開きはつみれや天ぷらによい。しかし、イワシの身は脂が乗っているので、刺身にする場合は、身がでこぼこになる手開きの方が醤油がからみやすく、おいしく味わえる。

鮮度がよい旬のイワシなら、内臓も味わっていただきたいので、内臓を取らずに姿焼きにしたり、筒切りにする。

イワシは身がやわらかく、イワシそのものや手、まな板に付いたときのにおいも気になるので、おろす工程では、ていねいに扱い、洗う・拭く作業をこまめにすることが大切。また、頭部にある苦肝をつぶさないことや、中骨に付いている腎臓をきちんと取ることも、臭味を残さないポイントである。

イワシを塩や酢でしめる工程は、皮を引いたときに皮目を美しく見せたり、余分な脂肪分を取って食べやすくする意味がある。面倒がらずに大切なひと手間として行うこと。そのときの酢は生酢ではなく、水1対酢1の割り酢を基本にするとよい。

三枚におろしたイワシ。上身、下身、中骨に分けた状態。頭や中骨は、揚げて酒のつまみになる。内臓はあまり使わない。

三枚おろし

1

頭を左、腹を手前に置き、頭を落とす。

2

内臓を取る。２回に分けて庖丁を入れ、身を三角に切って開く。

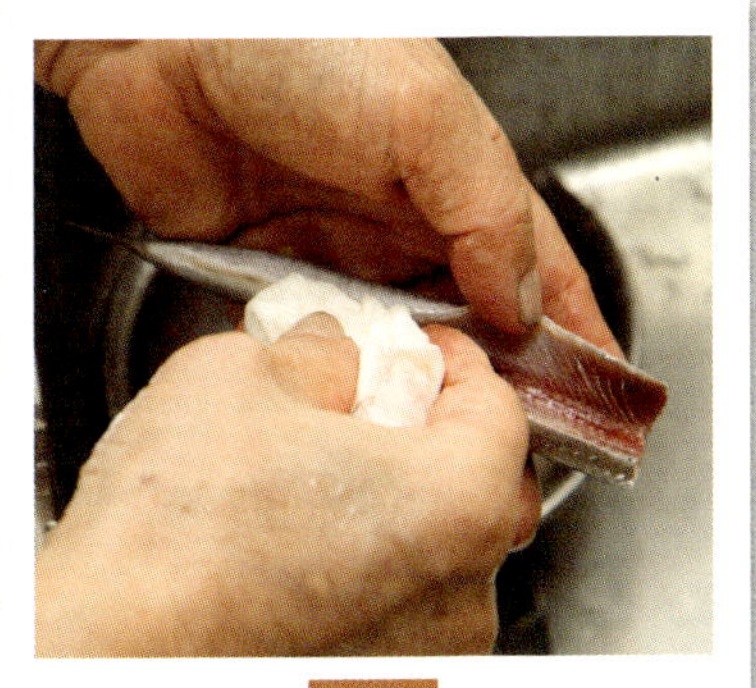

3

内臓をかき出し、黒いところを取る。中骨に沿って付いている腎臓をていねいに取り、水洗いする。

4

上身をきれいにおろすために、頭側を左、腹を手前にして置き、尾に切り目を入れる。

5

頭側を右に置き、頭から尾にかけて庖丁を入れて中骨の上を切り、上身をおろす。

6

下身をおろす。尾に切り目を入れ、頭を落としたところから庖丁を入れて下身をおろす。下身を中骨から切り離す。

鯖

さば

高級なブランドサバから冷凍もの、養殖ものまでいろいろなサバがあり、それぞれ扱い方が違います。本来はいろいろな料理にできるのですが、ものによって料理の向き、不向きがあります。特性を知ることが欠かせません。

しめ鯖

筍　芽甘草　おろし柚子　梅にく

鮮度のよいサバが流通しているので、昔とはしめる時間も酢の量もまるで違った浅いしめ方をします。生サバのようなおいしさです。

 ● 鯖 ■作り方は176ページ

鯖塩焼き

大根乙女和え

最も基本の焼き方だけに、サバ本来の旨味が問われます。身の片側を折って立体感を出して串を打ち、皮目をパリッと焼き上げます。

鯖味噌煮

庶民的なおかずですが、サバ特有のクセを消すにはていねいな下ごしらえが欠かせません。養殖ものを煮るときは、梅干が大活躍します

 ■ 作り方は176ページ

椀

鯖のすだれ 大根 おろし柚子

すだれ骨をいったん焼いてから油で揚げ、骨ごと味わえるようにしました。形が大きいので、なかなか見栄えがします。サバの下には、昆布だしで煮含めた大根を敷いています。

活用材料＝すだれ骨

寒鯖の白子

切ってレモン汁とおろし柚子を加えただけで一品となる貴重な寒サバの白子。タイやフグの白子に劣らないおいしさがあります。

活用材料＝白子

使い切りのヒント〔11〕

白子

白子は魚の精巣。クロダイ、フグ、サバ、アナゴ、タイが五大白子と呼ばれ、特に美味とされる。ここ30年は七大白子と呼ぶようになり、マダラ、サケが加わる。注目したいのが寒サバで、タイやフグに負けないおいしさがある。基本的にどの魚の白子も食べられるが、カマスだけはまれに毒を持つので注意。

調理方法は、椀だね、茹でてポン酢をかける、すりつぶして酒に加え、白子酒とする、唐揚げ、ステーキ、焼物、てんぷら、すり流し、塩辛など万能である。アユは塩漬けのうるかにするのが有名。フグの白子は、焼いてサラダ油に漬けておくと半年は保存できる。

 ■作り方は176ページ

鯖白子の塩辛

ほのかにサバらしい香気が漂い、珍味好きにはたまらない白子の塩辛。酒で塩抜きしてからさらに庖丁で叩き、旨味を引き出します。

活用材料＝白子

 ■作り方は177ページ

潮濾(しおこ)しの唐揚げ

ビールに合うサバのエラの料理。下ごしらえをていねいにし、焼き台で焼いて油で揚げます。ほとんどの魚のエラはこうして食べられます。

活用材料＝カブト、中骨、エラ

使い切りのヒント〔12〕

エラ

潮濾しとはエラのことで、オコゼのようにエラがとても硬いものとアンコウは別として、どの魚のエラも食べられる。血が多いので下ごしらえの手と時間をかけて臭味を抜くことが大切。よく水洗いした後、塩を振ってひと晩おくのが基本の手順。これをこんがり焼いてさらに揚げればたいていの魚のエラが食べられる。

骨がやわらかいキンキやアジなどの小型魚のエラは、臭味を抜いた後に焼くだけでよい。タイなどは甘辛く煮付ける。

鯖の兜揚げ

いったん焼いてさらに油で揚げてあるので、カブトでもシャリシャリした食感です。骨が硬い他の魚の頭も、同様に調理しましょう。

活用材料＝カブト

 ■作り方は177ページ

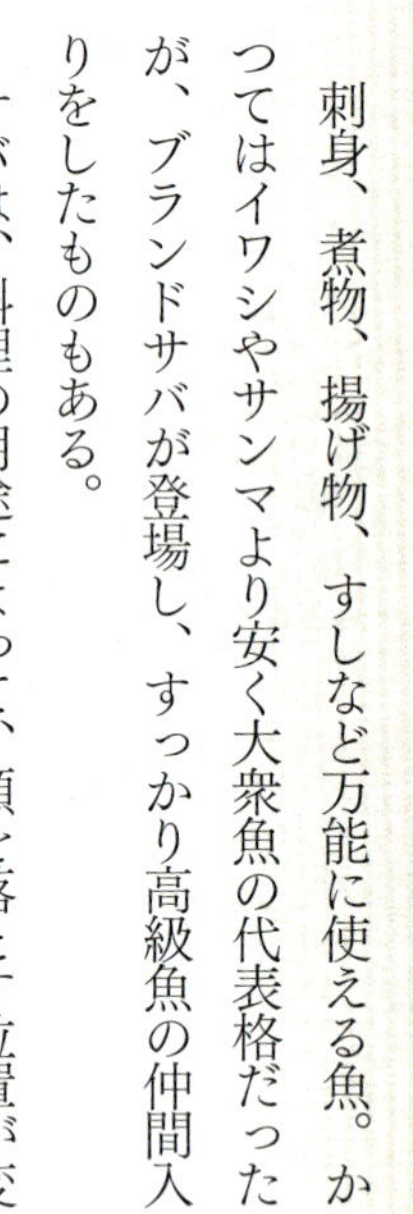

おろすときのポイント

刺身、煮物、揚げ物、すしなど万能に使える魚。かつてはイワシやサンマより安く大衆魚の代表格だったが、ブランドサバが登場し、すっかり高級魚の仲間入りをしたものもある。

サバは、料理の用途によって、頭を落とす位置が変わる。ブランドサバのような、生で食べたりしめサバにする場合は、身を少しでも多く取るよう、頭には身を残さないようにしておろす。切り離した頭は、焼いたり揚げ煮に料理する。

かたや、刺身にならないようなサバなら、塩焼きや煮魚として料理する。塩焼きでおいしいカマを大きめに切り分けたり、見栄えよい煮魚料理に仕上げるために筒切りすることも考慮し、おろし方を考える必要がある。筒切りにおろすときは、腹を開かずに内臓を取り、骨ごと輪切りにする。

捨てるのは惜しい寒サバの白子

意外に知られていないのが、寒サバの白子のおいしさ。プロの調理人であっても知らずに捨てていることが多いので、寒サバの時期には心しておろしたい。

実際に出回り量が多く、一般的な店で入手しやすいのはノルウェー産を代表とする冷凍のサバ。これはおそうざいには利用価値は高く、煮物や揚げ物、照り焼き、塩焼きなどに使える。調理の際に、生臭味を上手に消す工夫が必要となる。

1

胸ビレを立て、頭に多少の身を付けて切る。カマや頭を利用しない場合は、身を付けずに頭を落とす。

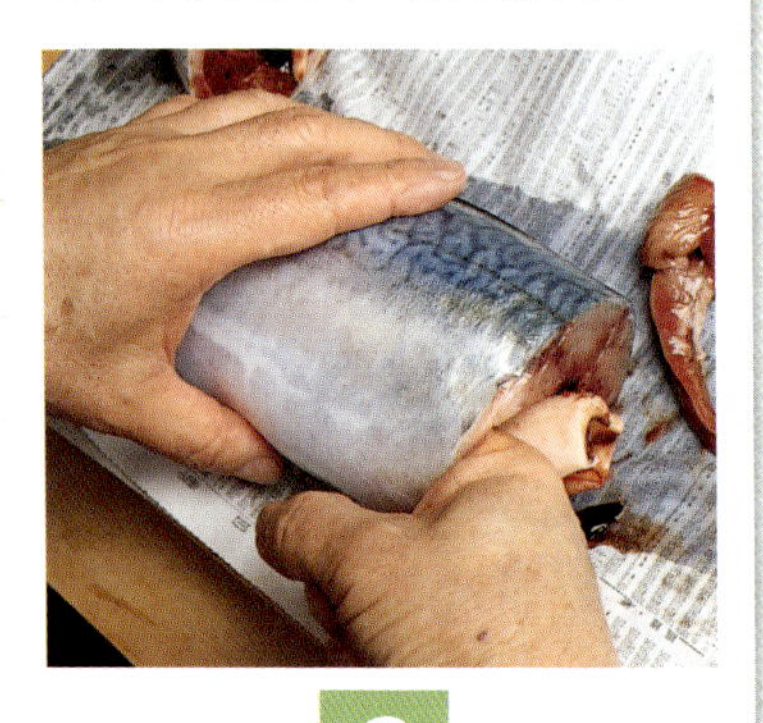

2

内臓を取る。これは筒切りにする場合の内臓の取り方。切り口から指で内臓をかき出す。

2とは別の内臓を取る方法。肛門から庖丁を逆さにして腹を切り、内臓を取り出す。

三枚おろし

三枚におろした上身・下身と、頭、中骨。すき取った腹骨や内臓、エラも料理になる。味噌煮などにするときは、このように三枚におろさず、内臓を取った後に骨付きのまま輪切りにする。

3

①～③の順序で身に切り目を入れておろす準備をする。

4

背から庖丁を入れて、下身をおろす。船場汁を作るのなら、中骨に多少の身を残してもよい。

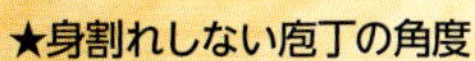

5

身をおろすときの庖丁の角度。中骨に対して45度にすると身割れしにくい。

6

上身をおろす準備をする。①～③の順に身の輪郭に沿って切り目を入れる。

7

腹骨を大きめにそぎ取る。塩焼きや椀ものに用いる。

8

頭を割る。先端が硬いので切り取って処分する。

9

先端を取った頭を二つに切り開き、つりがねを切ってエラを手ではがす。

鯵

あじ

青魚の中では比較的にクセが少なく、あらゆる料理ができます。扱いも割合に簡単で使い勝手のよい魚。質のよいものは年々貴重になる一方です。骨がそれほど硬くないので、頭、中骨、エラはどれも食べ尽くせます。

鯵お造り

胡瓜　梅干　長芋　生姜　石蕗（つわぶき）

砕いた氷に炭を置き、多彩なあしらいとともにアジを盛り付けました。アジには格子状に切り目を入れ、醤油をからみやすくします。

 ■作り方は177ページ

鯵姿造り

長芋　胡瓜　レモン
生姜　石蕗（つわぶき）

アジの基本的な料理。庖丁を入れる技術に特に難しさはないのですが、胸ビレを自然に立たせるには、ちょっとしたコツがあります。

■作り方は177ページ

鯵の中おち唐揚げ

姿造りの後、サービスで提供することの多い一品です。アジは年々貴重になっており、天然ものなら中骨もムダにしてはいけません。

活用材料＝中骨

■作り方は178ページ

鯵の塩焼き

木の葉生姜　ライム

ヒレにていねいに化粧塩をし、生き生きとした姿に焼き上げることが一番のご馳走。脂の乗りがもう一歩の場合は、焼いた後にさっと油を塗り、照りと旨味をプラスします。

鯵の兜の唐揚げ

ビールに合い、健康にもよいカルシウムたっぷりの一品。塩を振ってひと晩おき、焼いてさらに油で揚げて旨味を引き出します。

活用材料＝カブト

■作り方は178ページ

鯵のオイル漬け

ライム　梅干　あやめ生姜

やや強めに塩をしたアジを焼いてサラダ油に漬け込みました。油に漬けることで保存ができ、味も、油の旨味が加わります。

鰺梅里和え

初夏の香りを凝縮したような、青じそ、生姜、ミョウガをたっぷり使う爽やかな和え物です。先付けや小鉢にするものおすすめです。

 ■作り方は178ページ

おろすときのポイント

以前は大衆魚だったが、ブランドアジが登場し、もはや質のよい天然アジは高級魚。入手しやすいのは韓国産などの輸入アジや養殖のアジで、味の面では劣る。それは身だけではなく頭や中骨でも同様だ。

ブランドもののアジでなくとも天然ものならば、頭や中骨も含めて冷凍ものや養殖ものより断然おいしい。

高級魚と言い切れない魚だけに、食べ尽くす意気込みはあまり持たないだろうが、すべてを味わい尽くす気持ちで使わないと、今後ますますもったいないことになる。

頭を落とさず、上身・下身を切り取る。上身と下身は、通常の三枚おろしと変わらない状態。頭付きの中骨は、姿造りに使ってもよいし、単独で一品料理にしてもよい。

意外に簡単な姿造り用のおろし方

アジは、姿造りがとてもポピュラーな料理。ここでは、姿造り用に頭を付けたままの三枚おろしの手順を紹介する。姿造り用と言っても特殊なことはなく、基本の三枚おろしと同じように、上身・下身ともに最初に輪郭に沿った切り目を入れて身をそぎ取る。実際におろしてみると割合に簡単なことに驚くだろう。ただ、腹を開いて内臓を取ると見た目が見苦しいので、〝つぼ抜き〟という、エラと内臓を割り箸などで挟んで口から引っ張り出す方法で内臓を処理する。面白いように内臓がきれいに取れるので、ぜひ覚えておきたい。

このおろし方は姿造り用ではあるが、中骨を活用するのに便利。中骨が頭付きの状態でおろせるので、見栄えのよい骨せんべいが作れる。もちろんおろした身は三枚おろしと同様に扱えばよい。

もし生き造りにするならば、アジの目を布巾などで覆っておとなしくさせ、手順の2と3を省いて身を三枚におろす。そうすれば中骨に内臓と頭が残り、生きた状態を保てる。

姿造り用の三枚おろし

1

ウロコを引く。ヒレの付け根や下身側のウロコを残しやすいので注意。

2

“つぼ抜き”で内臓を取る。肛門までの長さを目安に、エラの外側を通して2本の割り箸を差し込む。

3

2本の割り箸を握り、ぐるりと回しながら、内臓とエラを口から引き出す。

4

上身を切り取るため、切り取る身の輪郭に沿って①～⑤の切り目を入れる。

5

③の切り目を入れているところ。胸ビレの下から肛門まで切る。

6

上身をおろす。頭を上に背を右側に置き、背側から切る。

7

上身と同様、下身にも切り目を入れてからおろす。①～⑤の順で切る。

8

下身をおろす。尾を上に背を右に置き、中骨を庖丁でなでるように切る。

間八

かんぱち

ブリと同様、頭、エラ、胃袋、皮などすべてが料理できて使いがいがあります。養殖ものが天然ものより多いのですが、養殖もののイメージがあまり浸透しておらず、人気もあります。ブリより弾力のある身が持ち味です。

間八のお造り

大根　金時人参　おろし柚子
山葵　石蕗（つわぶき）　ちり酢

新鮮な刺身にちり酢を添えて。カンパチには格子状の切り目と縦の細い切り目を入れ、脂ののった身にちり酢や薬味をからみやすくします。炭を器として盛り付けました。

■作り方は179ページ

間八照り焼き

大根　梅にく
もちにんにく

焼く前に下味を付け、中まで味をしみ込ませてから、タレをかけながら焼きます。付け合わせの〝もちにんにく〟はにんにくの砂糖煮。

間八と大根の煮物

カンパチの中骨や内臓、すだれ骨を使いました。調味料には醤油や酒の他、胡麻油も。脂ののった魚には、胡麻油が合います。

活用材料＝中骨、内臓、すだれ骨

使い切りのヒント〔13〕

アラ

上身以外をすべてアラと考える向きがあるようだが、正確に説明すると、ウロコや内臓、エラはアラに含まれない。魚をおろすとき、まずそれらを取って水洗いしてから身をおろすが、この水洗いした状態の魚から上身を取った残りの部分を指すので、中骨やヒレ、すだれ骨、カマがアラに該当する。

それぞれの部位の使い方は、単独でもアラとしてまとめて使う場合でも、臭味をきちんと抜く下ごしらえが共通。アラとしての料理には、煮付けや、汁ものや、油で揚げる料理法がある。

 ■作り方は179ページ

間八 かま塩焼き

大根　木の葉生姜

脂がじわりとにじみ出て、食欲を刺激するカマの塩焼き。塩焼きはすべての焼き物の基本で、塩を振ってひと晩おく下処理が重要。

活用材料＝カマ

■作り方は179ページ

間八
胃袋の酢の物

おろし柚子　絹糸生姜　ポン酢

カンパチの胃袋は、コリコリとした弾力とクセのなさが魅力。ここではポン酢をはり、内臓の臭味を感じないようにしています。

活用材料＝胃袋

 ■作り方は180ページ

おろすときのポイント

魚体が大きく、刺身、照り焼き、塩焼き、吸い物など多様な料理にでき、頭やエラ、内臓も食べ尽くせる魚。

基本のおろし方は、さまざまな料理を作るのに向く長おろし。長おろしとは、いわゆる三枚おろしだが、日本料理の世界では、カンパチのおろし方は長おろしに分類される。

頭や中骨、内臓は煮付けに、上身は刺身や塩焼き、カマと腹骨は塩焼きや椀もの、胃袋は塩辛や和え物、煮物に。頭は焼いて湯を注ぐとよいだしが出る。カマと腹骨は写真の身から切り分ける。

ハマチや養殖ブリに代わって人気上昇中！

産地表示義務が生じて以来、養殖もののイメージが強いことでやや人気がなくなっているハマチに対し、使われる機会が増えているのがカンパチ。実はカンパチも養殖ものが主流だが、養殖のイメージが定着していないため、好まれるようである。

味わいとしては、ブリよりも身に弾力があり、まず刺身が喜ばれる。そのため、頭より刺身用の身を優先して、頭には身を残さずに頭の付け根（うなもとと呼ぶ）ぎりぎりのところで落とす。こうして落とした頭は、粗煮に使う。

また、頭を落とす前にエラと内臓を取るのが、カンパチのような中型の魚を三枚におろすときの基礎のプロセスである。そうすると身が内臓の血で汚れず、また、効率もよい。

カンパチほどの大きさになると、頭も切り分ける必要がある。ここでは大きいものとして切り分け方を示した。小型のものなら無理に切らなくてもよく、これは、タイやシマアジでも同じことが言える。

三枚おろし

1

ウロコを柳刃庖丁で頭に向かってすき取る。胸ビレの周囲に特に注意。

2

エラブタを持ち上げてつりがねを切り、肛門からつりがねまで腹を切る。

3

エラを引きはがし、内臓を取り出す。この後、頭を切り、腹を水洗いする。

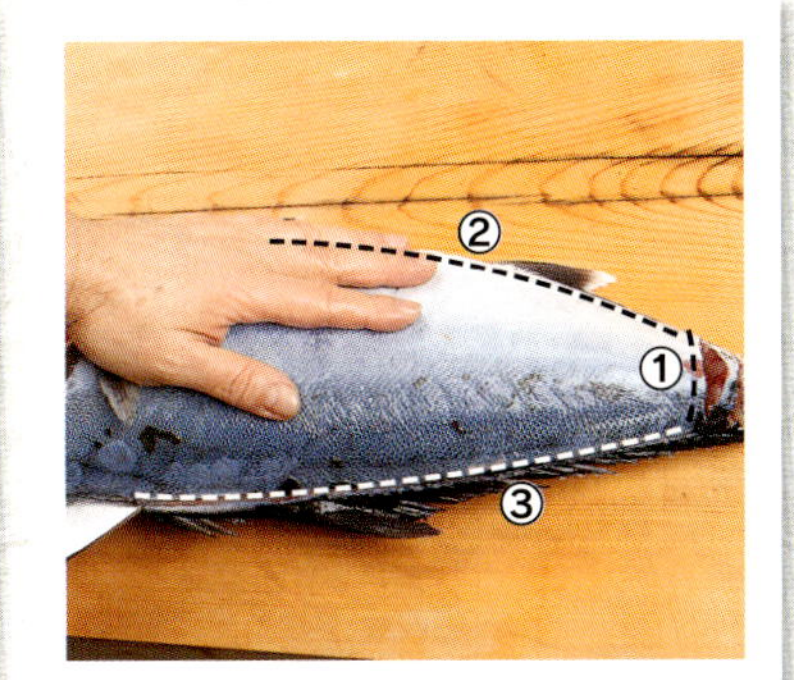

4

下身の輪郭に沿って①〜③の順番で庖丁で切り目を入れる。

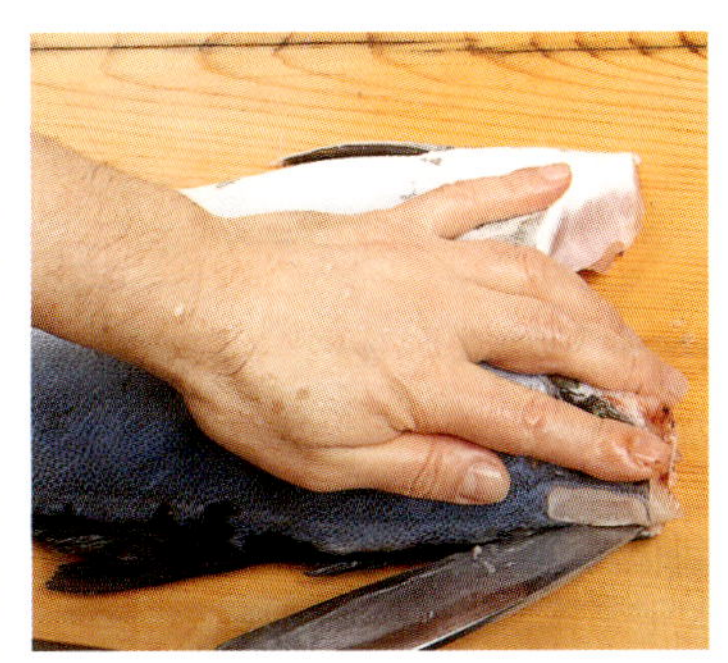

5

下身をおろす。中骨に沿って庖丁を入れて切っていく。

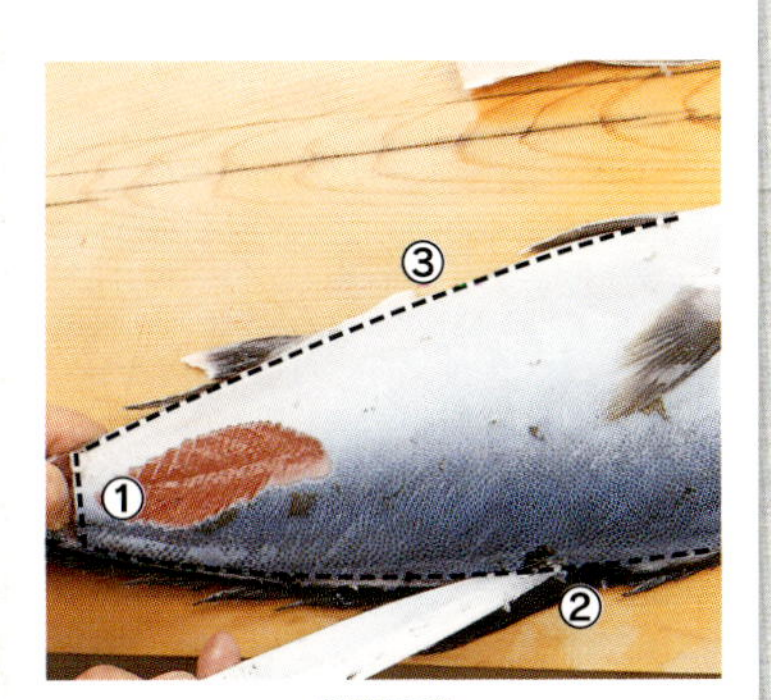

6

上身の輪郭に沿って①〜③の切り目を入れる。②と③は、返し庖丁で切る。

7

上身を中骨からはずす。庖丁をねかせ、中骨に沿わせて切り進める。

頭の切り分け方

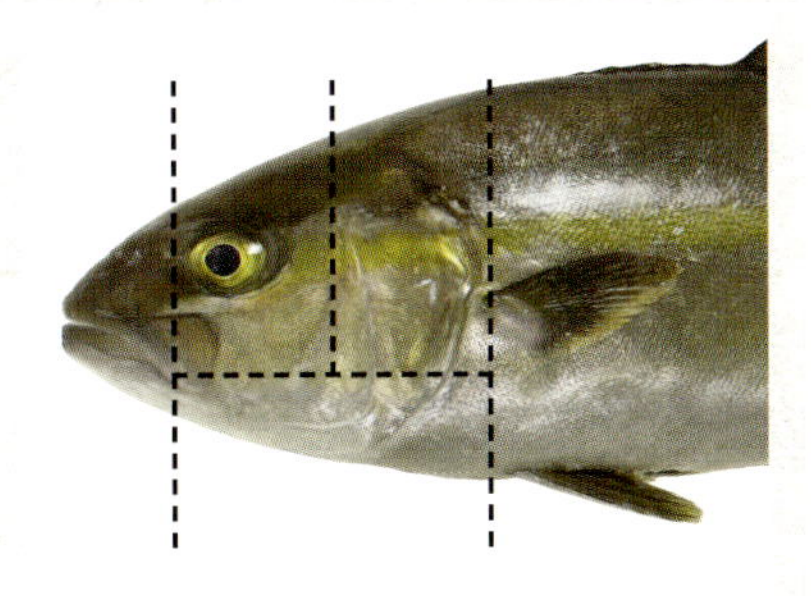

中型の魚の場合、頭を煮付ける場合は食べやすく切る必要がある。頭を梨割りしてから、上のように切り分ける。

縞鯵

しまあじ

高価な魚なので、刺身や塩焼き、すしだねと用途を限定しがちですが、イタリア料理のカルパッチョなどにも使われ、同じ生食でもいろいろな楽しみ方ができます。中骨やすだれ骨等のアラも、他の魚と同様に利用します。

縞鯵のカルパッチョ

魚と油はもともと相性がよく、さまざまな魚がサラダのように提供できます。調味に醤油を加えると、味が必ずまとまります。

縞鯵のお造り

大根　浜防風
おろし柚子
金糸生姜　山葵

シマアジを楽しむなら、まずお造り。脂が乗っているので、胡麻醤油ドレッシングでおすすめしたいもの。日本酒ばかりでなく、ワインとも好相性の味わいになります。

■作り方は180ページ

縞鯵のあらのあんかけ

焼いて揚げたシマアジのアラに、あつあつのだしをかけました。だしにとろみを付けるのでボリュームがあり、取り分けメニューとしても喜ばれます。

活用材料＝アラ

■作り方は180ページ

縞鯵のサラダ

シマアジと香りのよい青じそやセロリを、自家製マヨネーズベースのドレッシングと和えます。自家製マヨネーズが味のポイントです。

 ■作り方は181ページ

おろすときのポイント

刺身にする部分を最優先しておろすので、頭や中骨はどこも身を残さずにぎりぎりのところではずす。はずした頭や中骨、腹骨、エラはよく洗って焼き、さらに揚げると食べられる。内臓は甘辛く煮てもおいしい。カマは塩焼きか椀ものがおすすめだ。

アジ類の中でも最も味がよいとされる高級魚。養殖ものが出回るようになったものの天然ものはますます出回らなくなり、高価になる一方だ。

刺身・塩焼き用の身を最優先しておろす

何といっても刺身やすしだね、塩焼きが喜ばれる食べ方だが、その一方、イタリア料理など洋食の世界でも使われており、前の料理ページでも紹介しているように和食のイメージにとらわれない料理づくりが可能だ。ここではカルパッチョ風、サラダ風などにして、若い人に喜ばれる料理とした。

三枚おろしが基本で、骨組がタイに似ているため、タイの三枚おろしに準じておろすとよいだろう。骨はけっこう硬い。アジ科の魚なのでゼイゴはあるが、それほど神経質にならなくてもよい。

煮る調理は向かない魚だが、中骨やすだれ骨等のアラは塩を振って臭味を抜き、いったん焼いて揚げれば食べることができる。エラも同様である。

天然ものはおろすと血が赤く、養殖ものは血が黒っぽいのですぐ見分けがつく。

三枚おろし

1

ウロコを引いたのち、内臓を取るためにつりがねに切り目を入れる。

2

つりがねから肛門まで切り開き、内臓とエラを取って洗う。この後、頭を落とす。

3

カマを切り取る。焼き物や粗煮などに使うときは大きめに切る。

4

上身の輪郭に沿って①～③の順に切り目を入れる。②と③は返し庖丁で切る。

5

中骨に沿って庖丁をねかせながら、上身を切り取る。

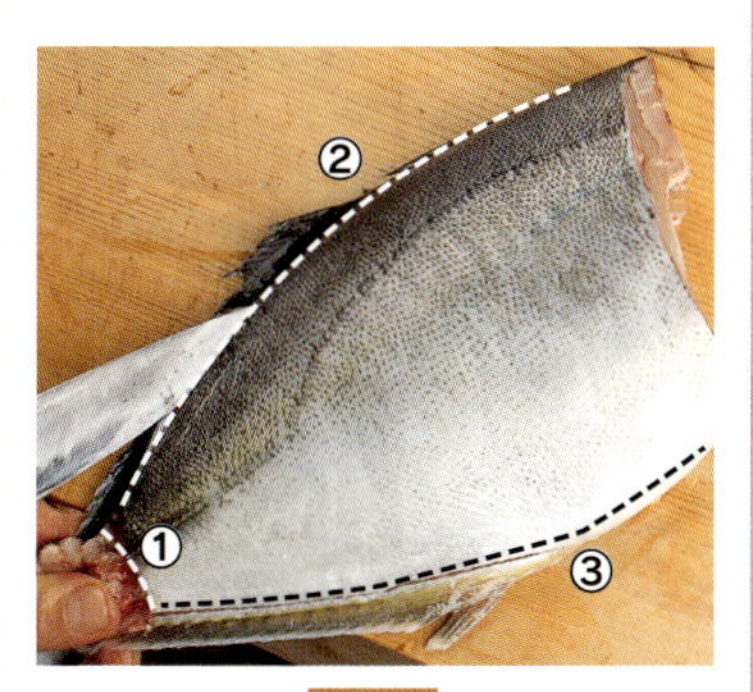

6

下身の輪郭に沿って①～③の切り目を入れる。

7

背側から庖丁をねかせて入れ、下身を中骨から切り離す。

鮎
あゆ

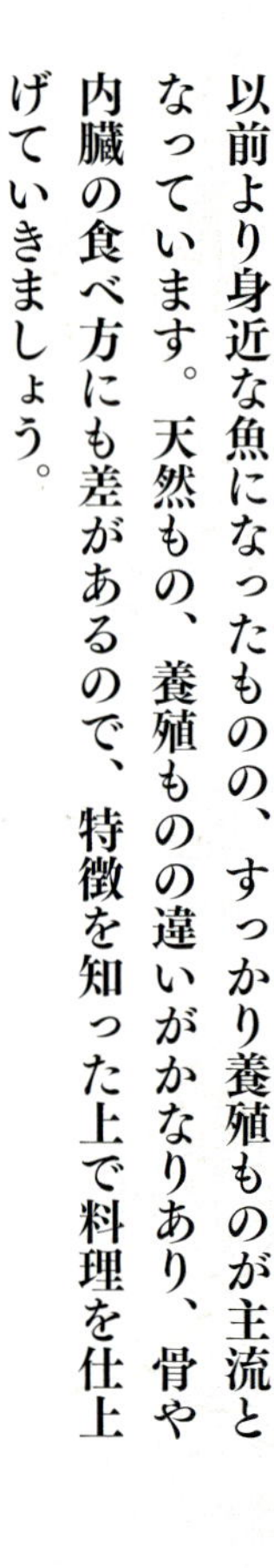

以前より身近な魚になったものの、すっかり養殖ものが主流となっています。天然もの、養殖ものの違いがかなりあり、骨や内臓の食べ方にも差があるので、特徴を知った上で料理を仕上げていきましょう。

うるか

落ちアユの白子で作る、貴重な珍味。ここでは焼いたアユの身も加え、塩辛だけではクセが強いという人にも食べやすくしました。

 ■作り方は181ページ

鮎塩焼き

アユには欠かせない一品。すべてのヒレに塩をすり込むようにていねいに付け、泳いでいるような形に焼き上げます。仕上げ際に油をさっと塗ると、一段と生き生きします。

鮎飯

たっぷりの木の芽と皮付きで焼いたアユを一緒に炊き込み、香りもご馳走のご飯料理。木の芽は市販品では旨味が弱いので、自生しているものを使うのが理想です。蓼もよく合います。

 ■作り方は181ページ

鮎骨の唐揚げ

中骨とすだれ骨に塩をして、ひと晩漬けてから天日で干して揚げたもの。焼いてもよいのですが、揚げる方が調理時間は短くできます。

活用材料＝中骨、すだれ骨

　■作り方は181ページ

鮎の天婦羅

アユの天ぷらは、意外と見かけない献立。アユに合うのでおすすめです。香りのよい木の芽、生姜、セロリの天ぷらを取り合わせました。

■作り方は181ページ

鮎若狭焼き

背開きにしたアユを、〝若狭地〟に浸して風干しし、水分が抜けて旨味が増したところを焼きます。頭も中骨も食べられるよう、じっくりと強めに焼き上げます。

おろすときのポイント

姿焼きが代表的な食べ方だが、三枚におろしてフライやご飯もの、天ぷらに、背開きにして干物に、筒切りにして土瓶蒸しや吸い物にと、さまざまなおろし方がある。

養殖ものなら三枚おろしが向く

ただ、現在流通しているアユの大半は養殖もので、かつて主流であった天然ものとはモノが違う。特に中骨は、天然ものよりもろいのに硬く、料理によっては中骨を残すと、とても食べにくい。天然もののようにするりと中骨が抜けないからだ。養殖のアユを活用するときは、三枚におろして中骨をはずす方がおすすめだ。

ここでは、用途の広い三枚おろしと、イワナやヤマメなどでも取り入れられる背開きを紹介した。時として背開きか腹開きかと問われることがあるが、原則としてはどちらでもよい。ただ伝統的に、腹開きを嫌うケースは多く、背開きの方が無難なようだ。

その他のアユのおろし方には、筒切りがある。筒切りは頭を落としてその切り口から内臓を庖丁でひっぱり出し、筒に切る方法である。

最も代表的な姿焼きにするには、よく洗ってウロコを取るだけでよい。イワナやヤマメと違い、内臓が喜ばれるので取らない。

すべてのおろし方に共通するのは、アユは体表にジストマ（寄生虫）がいるので、水洗いとウロコ引きをていねいにすることだ。

内臓の活用はうるかが代表的だが、9月の落ちアユでないと仕込めない。卵巣と腸のうるかは天然もののアユでないととても食べられないが、白子うるかは養殖アユからも作れるので、捨てないようにしたい。

ウロコを取ってから頭を落とし、腹を切り開く。

2

内臓を庖丁でかき出す。

背開き

1

ウロコを取る。養殖のアユは天然ものよりウロコが細かくて硬い。

2

背から庖丁を入れて中骨の上に刃をのせ、尾から頭に向かって開く。

3

中央にある内臓を取り出して洗う。

三枚おろし

三枚におろしたアユ。中骨と上身、下身、頭、すだれ骨に分けたもの。養殖のアユの場合、三枚におろす方が使いやすい。

3

下身をきれいにおろすために①〜③の切り目を入れる。

4

下身をおろす。頭を落としたところから庖丁を入れ、中骨の上を切る。

5

3と同様に、①〜③の切り目を入れる。

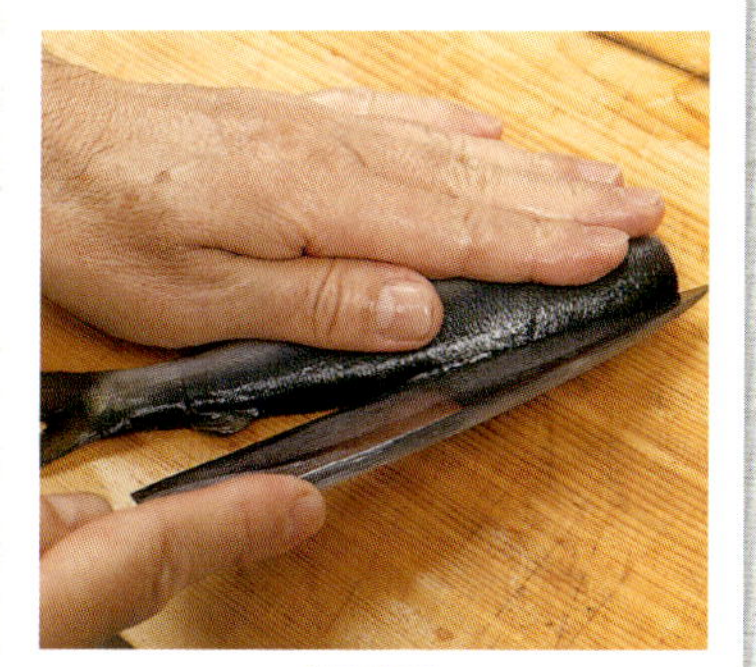

6

上身をおろす。できるだけ庖丁を入れる回数を減らす方がよい。

岩魚

いわな

養殖技術の発達のおかげで、食べる機会が増えました。刺身は無理ですが料理の幅がなかなか広く、風情のある料理になります。価格が安いことや小ぶりで扱いやすいこともイワナのよさで、意欲的に取り入れたいものです。

岩魚の飴炊き

甘露煮よりも時間がかからず、当日に用意して食べられることが大きな魅力。仕上がり際に生姜汁と実山椒を加え、香りを深めました。

岩魚の塩焼き

黒染め牛蒡　ライム

イワナを代表する料理。ヒレも魚の一部のように扱い、化粧塩をていねいに付けたいものです。焦がさず、ぎりぎりのところまで焼くのが焼き物の技術の見せどころ。

岩魚の骨の唐揚げ

塩を振ってひと晩おいた中骨を低めの温度の油で素揚げします。揚げ立てでなくとも味がよいので、前もって揚げておいてかまいません。

活用材料＝中骨

 ■作り方は182ページ

焼き岩魚のちらし寿司

焼塩焼きしたイワナと、海苔、胡麻、松の実などの香ばしい材料を使った後を引く混ぜずし。サラダ油も少々落とし、コクを出します。

■作り方は182ページ

岩魚の魚田

紅梅
木の葉生姜

田楽味噌が香ばしい、川魚ならではの焼き物。田楽味噌にはサラダ油を加え、冷めても硬くならない工夫がしてあります。

 ■作り方は183ページ

岩魚のみぞれ和え

塩焼きしたイワナの他に、歯応えのよい生の長芋とウドを合わせて大根おろしと一緒に和えました。梅干で上品な塩味を出します。

岩魚のあんかけ

揚げたイワナに、醤油風味のべっこうあんをかけた、温まる冬場の料理。イワナは揚げる前にいったん焼き、旨味を引き出します。

　■作り方は183ページ

頭を落とさずに上身・下身をはずし、三枚におろしたもの。中骨は頭を付けたまま揚げるとなかなか見栄えのよい一品になる。

おろすときのポイント

養殖の技術が進み、入手しやすい魚となった。価格もそれほど高くないので、味わう機会が増えた魚だ。淡水魚なので生食は避け、内臓は使わないが、それでも料理のバリエーションは広く、姿焼き、甘露煮、骨酒、蒲焼き、骨せんべい、燻製、味醂干しなど多岐にわたる。

ヤマメとも共通するおろし方

基本のおろし方は、三枚おろしや背開き、姿で料理する場合向けの〝つぼ抜き〟。

〝つぼ抜き〟とは内臓の取り方の一種で、前出の魚でも行っているが、腹を切らずに口やエラぶたからエラと内臓を取る方法。小型で内臓が小さい魚に向き、魚の腹を開かないので見栄えがよく、おろす時の効率もよい。イワナのような小型の魚は、どのおろし方をするにもまず〝つぼ抜き〟で内臓を取ってから、三枚におろしたり、背開きにするのがよい。

ここでも、まず〝つぼ抜き〟で内臓を取ってから三枚におろす手順を紹介する。

鮮度がよいイワナほどぬめりがあってすべりやすい。面倒なようでも、手順で示したように切り目を前もって入れて、中骨からはずすことを基本とする。

三枚おろし

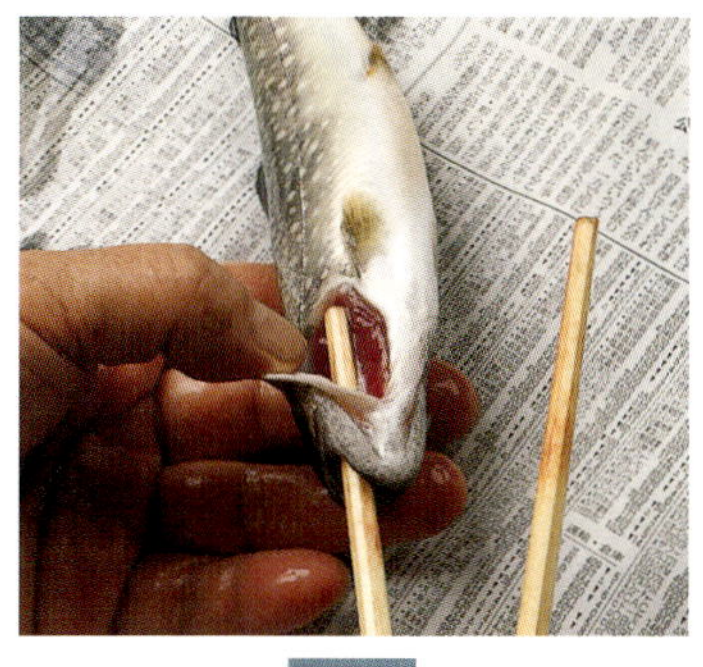

1

ウロコを引いた後、割り箸で内臓を取る。肛門までを目安にエラの外側を通して割り箸を差し込む。

2

もう1本の割り箸もエラの外側を通して差し込み、内臓とエラをはさむ。

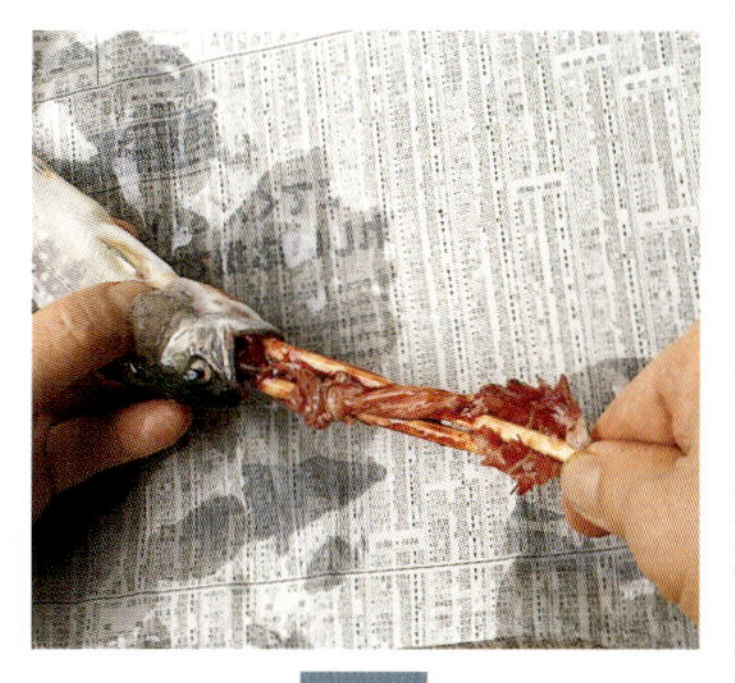

3

2本の割り箸をぐるりと回しながら、内臓とエラを口から引き出す。

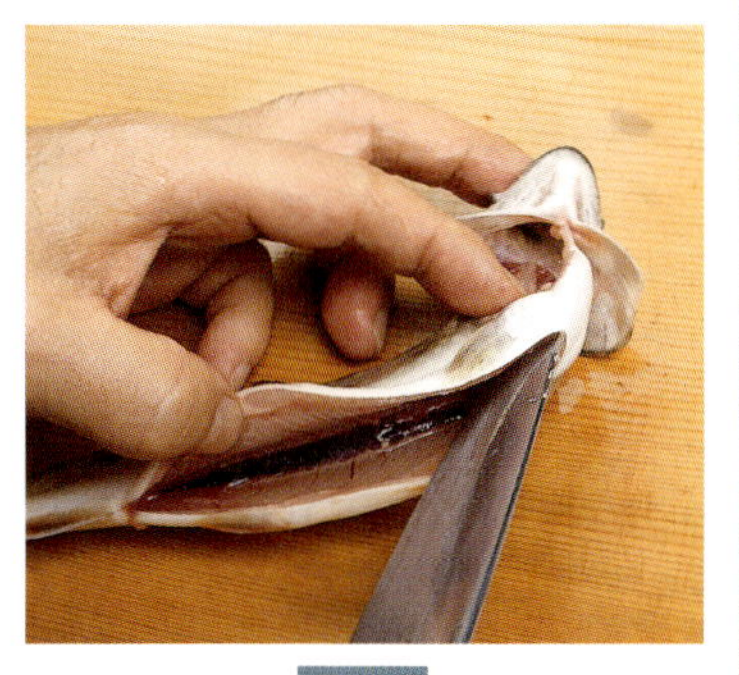

4

中骨に付いている腎臓ににおいがあるので、腹を切って腎臓を取る。

5

①〜④の切り目を入れる。ぬめりがあるので、こうしないとおろしにくい。

6

下身をおろす。中骨の上を庖丁でなでるようにしておろす。

7

上身にも①〜④の順で切り目を入れ、下身と同様にしておろす。

椀

のどぐろ　防風　州浜柚子

カラー8ページ

■作り方

1 ノドグロを三枚におろし、腹骨と中骨を取る。塩を振ってひと晩置く。
2 酒で洗い、身の片側を折って串を打って焼く。
3 昆布だしを取り、塩で味を調えて椀づゆを作る。
4 器に焼いたノドグロを盛り、椀づゆをはり、州浜ユズと防風をあしらう。

※ ノドグロのお椀には、昆布だしが合う。

のどぐろの焼き物

筍

カラー9ページ

■作り方

1 ノドグロを三枚におろし、腹骨を取る。中骨を抜き、塩を振ってひと晩置く。
2 酒で洗い、身の片側を折って串を打って焼く。
3 筍はあく抜きをして形よく切り、串に打ち、塩を振って焼く。
4 器に盛り、大根おろしを添える。

※ 大根おろしは、水洗いして30分ほど熱湯で茹で、再び水洗いして軽く水気を切ってから使う。

のどぐろの焼き物

木の葉生姜　防風

カラー10ページ

■作り方

1 ノドグロを三枚におろし、腹骨と中骨を取る。塩を振ってひと晩置く。
2 酒で洗い、串を打って焼く。
3 器に盛り、木の葉にむいた酢取り生姜と大根おろしを添える。

※ 酢取り生姜の作り方

① 新生姜を木の葉やあやめ、算木などに見立ててむく。
② 割り酢で下茹でして辛味を抜く。
③ 水4対酢1で合わせた割り酢に塩・うま味調味料を加えて浸し地を作り、ひと晩漬け込む。

※ 大根おろしは、前の「のどぐろの焼き物　筍」の作り方を参照。

のどぐろの兜塩焼き

たすき梅　田島

カラー11ページ

■作り方

1 ノドグロの頭を梨割りし、塩を振って、1時間ほどおく。
2 焼き台で頭を色よく焼く。
3 たすき梅と田島を添える。

※ たすき梅の作り方

① 皮付きの青梅を1m以上の長さのかつらむきにし、両端に残った皮の部分を切り取る。
② ①に砂糖をたっぷりまぶしてガラス容器かほうろう容器に入れ、1週間置く。
③ ②にホワイトリカーを振り、1カ月ほど漬ける。
④ 水洗いし、元の梅の形に巻き戻し、絹糸を三重に結ぶ。
⑤ 糖蜜を充分に用意し、④を1週間以上漬ける。

※田島の作り方

① 水5ℓに砂糖2.5kgを加えて煮立ったら火を止める。
② ①に青梅5kgを加え、紙蓋をしてひと晩置く。
③ 漬け汁ごと容器に移し、冷蔵庫に入

れて3カ月置く。

のどぐろのすり流し

カラー12ページ

■作り方

1 ノドグロのアラを用意し、頭は梨割りする。すべてのアラに塩を振り、1時間ほどおく。
2 焼き台でアラを色よく焼く。
3 2をミキサーに入れ、細かく砕く。3尾分のノドグロなら、2ℓほどの水を加えてさらに攪拌する。
4 金漉しにかけ、鍋に移して沸かす。
5 味を見て、塩気が強い場合は水を加えて調節する。水溶き片栗粉を流してとろみを出す。
6 器に盛り付ける。

のどぐろの宮重蒸し

カラー14ページ

■作り方

1 三枚におろしたノドグロの身の腹骨を取り、中骨を抜く。塩を振ってひと晩置く。
2 酒で洗い、串を打って焼く。
3 大根をおろし、少々の塩を加えて40分ほど茹でる。これに、卵白を加えて混ぜ、火を通した百合根や食べやすく切った餅を加え、焼いたノドグロにかける。
4 餅がやわらかくなるまで中火で蒸す。
5 銀あんをかけて提供する。

のどぐろの火取り

カラー15ページ

防風　生姜

■作り方

1 ノドグロを三枚におろし、腹骨と中骨を取る。皮は残したままにする。
2 金串20～25本を直火で真っ赤になるまで焼き、ノドグロの皮に押し付け、焼き目を付ける。
3 焼いたノドグロを氷水に落とし、冷めたら水分をふき取る。
4 食べやすい大きさに切り、器に盛る。
5 さっと茹でた防風とすりおろした生姜をあしらい、ポン酢を添える。

金目鯛のしゃぶしゃぶ

カラー18ページ

■作り方

1 キンメダイは三枚におろし、腹骨と中骨を取る。皮は付けたままそぎ切りにする。
2 長ネギ、ウド、ワラビ、セリ、餅、椎茸、豆腐等を食べやすい大きさに切り分け、皿に盛る。あれば木の芽も盛る。
3 鍋に水と昆布を入れ、ポン酢とともに提供する。
※ 添える野菜や薬味類は、好みでいろいろなものに変えてよい。ここではキンメダイの旬の春に合わせ、春先のものを取り合わせた。

金目鯛のお造り

カラー20ページ

鳴子蘭　山葵

■作り方

1 キンメダイを三枚におろし、腹骨と中骨を取って皮を引く。
2 身をぶつ切りする。
3 器に盛り付け、鳴子蘭とワサビをあしらう。

金目鯛のかま塩焼き

カラー21ページ

■作り方

1 キンメダイのカマに塩を振り、ひと晩おく。

2 串を打って焼く。

3 木の葉生姜とかぼすを添える。

※木の葉生姜は、160ページ「のどぐろの焼き物」の作り方を参照。

金目鯛のにゅうめん

カラー22ページ

■作り方

1 キンメダイを三枚におろし、腹骨と中骨を取る。皮を付けたまま適当な大きさに切り分ける。

2 塩を振って2時間ほどおいて焼く。

3 味噌汁を作り、バター（1人5g）を加え、刻んだミョウガタケを入れる。

4 そうめんを茹でて器に入れ、3の味噌汁を注ぐ。ぶぶあられとワラビをあしらう。

※使う魚は白身でもアジなどの青魚でもよい。魚によって料理の品格を変えることができる。

金目鯛の煮付け

カラー23ページ

■作り方

1 三枚におろしたキンメダイの尾やカマなどのアラを用意する。

2 熱湯をかけて霜振りし、冷水に落としてよく水洗いする。

3 砂糖200g・醤油100cc・酒100cc・水300cc・生姜の薄切り50gを合わせて煮立て、キンメダイを入れて煮る。

4 器に盛り、たっぷりの木の芽をあしらう。

※タイなどの高級魚は味醂を使って煮付けるが、カサゴやキンメダイといった大衆魚は砂糖を使って煮付ける方がおいしい。

金目鯛の一夜干し

カラー24ページ

■作り方

1 漬け地を作る。水4対酒1の割合で合わせた調味料に2％の塩を入れてよく混ぜる。

2 キンメダイを腹開きにし、漬け地に1日漬ける。

3 水分をふき取り、ひと晩干す。

4 焼き台で焼き、レモンを添える。

※ここではキンメダイを腹開きしているが、背開きにしてもよい。

金目鯛の兜焼き

カラー25ページ

■作り方

1 キンメダイのカブトに塩を振り、2時間ほどおく。

2 カブトを酒で洗い、焼き台で焼く。

3 器に盛り、木の葉生姜とスダチを添える。

※木の葉生姜は、160ページ「のどぐろの焼き物」の作り方を参照。

※カブトに塩を振るときは、赤い色を大事に保つために、皮目を下にすること。

金目鯛の宮重和え

カラー25ページ

■作り方

1 キンメダイのそぎ取った腹骨や中骨に付いている掻き身に塩を振って2時間ほどおく。

2 焼き台で焼き、身をほぐす。

3 大根おろしを用意する。セロリは筋を取り除き、薄切りする。

4 キンメダイ、大根おろし、セロリを和え、塩、うま味調味料、レモン汁で調味する。
5 器に盛り、ワラビと木の芽を添える。
※ 大根おろしは、水洗いして30分ほど熱湯で茹で、再び水洗いして軽く水気を切ってから使う。
※ 合わせる野菜は独活でもセリでもよい。魚もアジなどの青魚を使ってもよい。

おこぜ薄造り

カラー28ページ

■作り方
1 オコゼを三枚におろし、腹骨と中骨を取る。皮を引いて身を薄造り用に切り、器に並べる。
2 赤おろしを添え、ポン酢と共に提供する。
※ 最近は薄造りといってもやや厚くする傾向があり、いろいろと変化を出せる。

おこぜのかまの唐揚げ

カラー29ページ

■作り方
1 オコゼを三枚におろし、胸ビレを付けてカマを切り取る。
2 漬け地を作る。醤油1対味醂2の割合で合わせた調味料におろし生姜を加える。
3 オコゼのカマを漬け地に浸し、冷蔵庫で2時間ほどおく。
4 漬け地から取り出し、水分をふき取る。
5 小麦粉をまぶして油で揚げる。
※ カマ以外に他のアラを使ってもよい。中骨は揚げても食べられないので、だしを取る方がよい。

おこぜの皮の湯引き

カラー30ページ

■作り方
1 オコゼの皮に熱湯をさっとかける。
2 冷水に落として冷まし、水分をふき取る。
3 食べやすい大きさに切り、季節の山菜と赤おろしを和え、器に盛る。
4 ポン酢をかけ、金糸生姜を盛る。
※ 金糸生姜（絹糸生姜）の作り方
① 生姜をかつらむきし、ごく細いせん切りにする。
② ①の生姜を水でよく洗い、水気をふき取る。
③ 低めの温度の油で揚げる。

おこぜのサラダ

カラー31ページ

■作り方
1 オコゼを三枚におろし、腹骨や中骨を取り、皮を引いて身を薄切りにする。
2 ドレッシングを作る。胡麻油10対醤油1対マヨネーズ1の割合で合わせ、赤おろし、レモン汁を各適量加えて混ぜる。
3 リーフレタスとベビーリーフを器に盛り付け、薄切りしたオコゼを盛り、ドレッシングをかける。
※ 自家製マヨネーズは、卵黄1個、塩3g、うま味調味料3g、酢5cc、サラダ油1ℓ、レモン汁1個分、醤油10～15ccを合わせてよく攪拌する。醤油を加えることが分離せず、傷まないポイント。

おこぜの蒸し物

カラー32ページ

■作り方

1 オコゼを三枚におろし、腹骨と中骨を取る。食べやすく切り分け、酒で洗う。

2 器に豆腐、細切りしたネギ、餅、クルミ、オコゼの身をのせて蒸す。

3 ポン酢をかけて提供する。

※ 取り合わせる材料として意外に相性がよいのが餅。ポン酢とも合う。

おこぜの吸い物

カラー33ページ

■作り方

1 オコゼの胸ビレの部分に強めに塩を振って2時間ほどおく。

2 オコゼを酒で洗い、鍋に入れ、水と酒を加えて煮出し、だしを取る。

3 塩・醤油で味を調え、仕上げにウド、芽ネギ、絞り生姜を加えてひと煮立ちさせる。

4 椀に盛り付ける。

※ 胸ビレを使って作っているが、頭や中骨を使ってもおいしい。

おこぜの味噌汁

カラー33ページ

■作り方

1 オコゼのアラを熱湯で霜振りし、氷水に落として冷ます。

2 鍋にオコゼと水を入れ、よく煮る。

3 味噌を加えて仕上げ、芽ネギを加える。

※ アラはここでは頭と中骨を使用。時間がたつほどだしが出てうまいので、アラは決して捨てないこと。

まながつおの西京焼き

カラー36ページ

まながつおのあらの西京焼き

カラー39ページ

■作り方

1 白味噌（西京味噌）1kg・味醂300cc・酒100cc・サラダ油50ccをよく合わせて味噌床を作る。

2 マナガツオを三枚におろし、腹骨と中骨を取って食べやすい大きさに切る。アラも切り分ける。

3 味噌床にマナガツオの身やアラを並べ、1日～3日ほど冷蔵庫で漬ける。

4 マナガツオを取り出し、火加減に注意しながら焼く。味醂200cc・醤油100cc・砂糖大さじ1を合わせて煮立てて煮詰めを作り、焼いたマナガツオに塗る。

5 器に盛り、おろしユズをあしらう。

※ 味噌床は、1回使った後、火入れをすると再使用できる。魚から出た水分を飛ばし、少量の味醂と場合によっては焼酎を加える。

まながつおのお造り

黒染め牛蒡　甘草　おろし柚子

カラー38ページ

■作り方

1 マナガツオをおろし、腹骨や中骨を取る。皮を引き、食べやすく長手造りに引く。

2 黒染めゴボウ、カンゾウ、おろしユズをあしらう。

3 梅酢1対水1の割合で合わせ、醤油1滴を加えたものを添える。

※ 長手造りは、魚を刺身用に切るとき、一寸（約3㎝）以上の長さになる場合、そのままでは食べにくいので、二つに折ってちょうど一寸ほどの大きさになるように造ったもの。

※黒染めゴボウの作り方
①ゴボウを不規則な形に切る。
②鉄鍋に油を熱し、ゴボウを炒める。
③酒・水を入れて煮立て、火を止めて1時間ほど置く。これを繰り返して黒ずませる。
④3度目の火入れの時に、うま味だしと醤油で調味し、その後も何度か火入れを繰り返し、2日かけて真っ黒に煮上げる。

きんきの塩焼き

カラー42ページ

算木生姜

■作り方

1 キンキを三枚におろし、腹骨と中骨を取る。塩を振ってひと晩置く。
2 身の片側を折って縫うように串を打って焼く。
3 算木にむいた酢取り生姜を添える。

※算木とは、食材を角柱に切ったものに対する、日本料理での表現。
※酢取り生姜は、160ページ「のどぐろの焼き物」の作り方を参照。

椀

カラー43ページ

きんき　筍　芽甘草　柚子

■作り方

1 キンキを三枚におろし、腹骨と中骨を取る。
2 塩を振ってひと晩おく。
3 串を打ち、酒を振りかけて焼く。
4 椀づゆを用意する。カツオ節でだしを取り、塩・醤油で調味する。
5 椀に焼いたキンキ、筍、芽カンゾウを盛り、椀づゆをはり、ユズを添える。

きんき湯注ぎ

カラー44ページ

■作り方

1 キンキのカマに塩を振り、1時間ほどおく。
2 色よく焼き台で焼き、器に入れ、熱湯を注ぐ。

※塩を強めに振る方が、あとで湯を加えたときにちょうどよい味加減になる。

きんきひれ酒

カラー45ページ

■作り方

1 キンキのヒレに塩を振り、1時間ほどおく。
2 塩をなじませたヒレを焼き、器に入れ、熱燗を注いで提供する。

※ヒレの中でも最もよいだしが出るのは尾ヒレ。フグのヒレは乾燥させて焼くが、キンキは焼くだけでよい。酒は90℃ほどに熱してから注ぐ。

きんきの兜塩焼き

カラー46ページ

木の葉生姜

■作り方

1 キンキの頭を梨割りし、塩を振り、1時間ほどおく。
2 焼き台で頭を焼く。
3 木の葉生姜を添える。

※焼く直前に塩を振るのと、ひと晩塩をなじませておくのでは、まったくおいしさが違う。必ず前日に塩を振り、塩を〝枯らして〟から焼く。
※木の葉生姜は、160ページ「のどぐろの焼き物」の作り方を参照。

きんきの中おち塩焼き
芽甘草　椎茸揚げ浸し　おろし柚子

カラー47ページ

■作り方

1 キンキの中骨に塩を振り、1時間ほどおく。

2 焼き台で焼く。

3 椎茸は適当な大きさに切り、素揚げして、だし6対醤油1対酢1で合わせた浸し地に浸す。これを添える。

※ 椎茸の揚げ浸しは、付け合わせとしていろいろな料理に添えられる。長期保存できるので、常備菜になる。

甘鯛の興津干し

カラー50ページ

■作り方

1 アマダイの頭を梨割りして、酒洗いする。

2 2ℓの酒を煮切り、醤油15cc・塩20g・うま味調味料少々を加えて冷ます。

3 アマダイの頭を2の漬け地にひと晩漬ける。

4 アマダイの頭を1日、天日に干す。

5 強火の遠火で焼く。

※ 興津干しの漬け地は若狭地と同じもので、関西では若狭と呼ぶのに対し、関東では興津と言う。

甘鯛の酢押（すびて）

カラー51ページ

■作り方

1 アマダイを三枚におろし、腹骨と中骨を取る。

2 塩を振り、2時間ほどおく。

3 水3対酢1で合わせた割り酢にユズと生姜の皮を入れ、アマダイを20分ほど漬け込む。

4 アマダイの皮を引き、細引きする。

5 葱翁（おきなねぎ）とおろしユズをあしらい、ポン酢を添える。

※ 酢は白梅酢を使うのが理想的。白梅酢は自家製で簡単に仕込め、傷ついた梅や形の悪い梅に同量の塩を入れてほうろう引きの器に入れておくだけでよい。2カ月たった頃から使えるが、3年以上寝かせたい。

※ 葱翁の作り方

① 長ネギを適当な長さの筒切りにする

② 熱湯に酢・塩少々を入れ、長ネギを軽く茹で、冷水に落とし、芯の部分を抜く。

③ 水6対酢1で合わせた割り酢に塩・うま味調味料を加え、芯を抜いたねぎをひと晩漬ける。

甘鯛の鱗の焼き物

カラー52ページ

■作り方

1 庖丁ですき取ったアマダイのウロコに塩とうま味調味料を振り、1時間ほどおく。

2 ウロコを天日で干す。

3 乾かしたウロコを焼く。

※ カルシウムが豊富に含まれ、質のよい食べ物に恵まれなかった昔では価値があった料理と考えられる。

甘鯛の若狭焼き

カラー53ページ

■作り方

1 アマダイの漬け地を作る。2ℓの酒を煮切り、これに醤油15cc・塩20g・うま味調味料少々・梅干1個・生姜の皮少々を火入れて煮立て、常温まで冷ます。

2 アマダイはウロコを引かずに三枚におろし、腹骨と中骨を取って適当な大きさに切る。

3 漬け地にひと晩漬ける。

4 串を打って焼く。

5 酢取り浜防風を添える。

※ 酢取り防風の作り方

① 浜防風を、酢を加えた水で煮て冷水に落とす。

② 水4対酢1で合わせた割り酢に塩・うま味調味料を加え、浜防風を2時間浸す。

※ アマダイの漬け地は、梅干を入れることが大事。ウロコをやわらかくし、旨味が増す。

甘鯛の西京焼き

カラー54ページ

■作り方

1 アマダイは三枚におろし、腹骨と中骨を取る。

2 味噌床を作る。白味噌(西京味噌)500g・味醂100cc・酒50cc・サラダ油30cc・うま味調味料10gをすり鉢でよく合わせる。

3 アマダイの切り身を味噌床に1～3日間漬け込む。

4 煮詰めを作る。味醂200cc・醤油100cc・砂糖大さじ1を合わせて煮立て、粗熱を取る。

5 アマダイを串に打って色よく焼き、仕上げに煮詰めをはけで塗る。

6 おろしユズを添え、ユズの砂糖漬けをあしらう。

※ 味噌床や漬け方の詳しい説明は、164ページ「まながつおの西京焼き」の作り方を参照。

甘鯛の吸い物

カラー55ページ

■作り方

1 アマダイの中骨に塩を振り2時間ほどおく。

2 1のアマダイを焼く。

3 昆布でだしを取り、塩で味を調えて椀づゆを作る。

4 器に焼いたアマダイを盛り、椀づゆをはり、ユズ皮をあしらう。

※ アマダイには昆布だしが合う。他方、青魚にはカツオだしが合う。

鯛兜煮

カラー58ページ

■作り方

1 タイの頭のウロコをていねいに取り、熱湯で霜降りにする。よく水洗いしてから鍋に入れる。

2 醤油1対味醂2対酒1の割合で合わせた調味料を加え、かぶるくらいの水・砂糖・生姜の薄切り・胡麻油各適量を入れてタイのカブトを煮る。

3 煮汁が少なくなってきたら火を止め、器に盛り、木の芽を天盛りする。

※ 煮る時に胡麻油を加えるのは、養殖もののタイの場合、煮るほどに脂が抜けてしまうため。天然もののタイをカブト煮にするなら胡麻油は使わない。

鯛のお造り

大根　おろし柚子　春蘭　梅にく　山葵

カラー60ページ

■作り方

1 タイを三枚におろし、腹骨と中骨を取る。皮を引かずに刺身にしやすい大きさに切り分ける。皮に熱湯をかけ、すぐに氷水に落とす。

2 水分をふき取り、刺身に引く。

3 大根、おろしユズ、春蘭、梅にく、ワサビをあしらう。

※ 大根は、かつらむきにした大根を巻き戻し、芯を抜いて半月に切ったもの。この形を弓千段と呼ぶ。

鯛白子の旨煮

カラー61ページ

■作り方

1 筍はあく抜きをして、食べやすい大きさに切る。

2 醤油1対酒1対味醂2の割合で合わせた調味料に、水・生姜の薄切り・砂糖・胡麻油各適量を加え、煮立てる。

3 タイの白子と筍を入れて煮上げる。

4 器に盛り、あぶら菜を添える。

※ 胡麻油を加えることで、コクと旨味が加わる。

鯛のあぶら炊き

カラー62ページ

■作り方

1 タイを三枚におろし、腹骨と中骨を取る。皮を引いてそぎ切りする。

2 土鍋に適当な長さに切った根三つ葉を敷き、海苔、松の実、胡麻、青じそ、おろし生姜、ウドのささがき、ぶぶあられを入れる。

3 そぎ切りしたタイの身を並べる。

4 ぐらぐらに熱したサラダ油を一度にかける。

5 ポン酢をからめながら食べてもらう。

※ 根三つ葉以外に、セリや水菜などでもおいしい。また、クルミなども香ばしい。

※ 他の白身魚を使ってもおいしい。

鯛のお造り

大根　黒染め蓮根　あぶら菜　人参　山葵

カラー64ページ

■作り方

1 タイを三枚におろし、腹骨と中骨を取って皮を引き、そぎ身にする。

2 大根、黒染めレンコン、アブラ菜、人参、ワサビをあしらう。

3 白梅酢と醤油を添える。

※ あしらいの大根は、かつらむきにした大根を数枚重ね、切り揃えたもの。この形を千段と呼ぶ。

※黒染めレンコンの作り方

① レンコンの皮をむき、5㎜ほどの厚さに切る。

② 鉄鍋に油を熱し、レンコンを炒める。

③ 酒・水を入れ、煮立ってきたら火を止めて1時間ほど置く。これを繰り返してレンコンを黒くしていく。

④ 3度目の火入れの時に醤油・旨み調味料で調味し、さらに煮て黒ずませ、真っ黒に煮上げる。

※ 白梅酢は自家製で簡単に仕込める。傷ついた梅や形の悪い梅に同量の塩を入れてほうろう引きの器に入れておくだけでよい。2カ月たった頃から使える

が、3年以上寝かせたい。

※寄せ向こうとは、懐石での盛り付けの趣向。客一同に同じ向こう皿を揃えるのが基本だが、敢えて客それぞれに違った器で出し、まるで寄せ集めたような趣きで、器も楽しむ。

鯛のかま、すだれ骨の塩焼き
そらまめ　酢取り生姜

カラー65ページ

■作り方

1 タイの頭を落とし、カマを切り離す。
2 塩を振り、ひと晩おく。
3 酒で洗って水気をふき、串打ちをし、塩を振って焼く。
4 そらまめの砂糖漬けと酢取り生姜を添える。

※そらまめの砂糖漬けは、そらまめを茹で、砂糖や蜜に浸しておく。

※酢取り生姜は、160ページ「のどぐろの焼き物」の作り方を参照。

鯛とあぶら菜の保科和え

カラー67ページ

■作り方

1 タイは三枚におろし、腹骨と中骨を取る。皮を引いて身をひと口大に切る。
2 アブラ菜を塩茹でして冷水に落とし、水気を切ってひと口大に切る。
3 2のタイとアブラ菜を和え、塩・うま味調味料・サラダ油で調味する。

※保科とは名君で名高い会津藩主、保科正之のことで、保科家はサラダ油などの当時は珍しかった食材を積極的に導入したと言われる。それにちなんだ料理名。

鯛の吸い物

カラー66ページ

■作り方

1 タイのカマとすだれ骨に塩を振り、2時間ほどおく。
2 カマとすだれ骨を酒洗いして焼く。
3 筍はあく抜きして、食べやすい大きさに切る。
4 ウドは薄切りする。
5 カツオ節でだしを取り、塩・醤油で味を調えて椀づゆを作る。
6 椀に筍、焼いたタイ、ウドを盛り椀づゆをはる。木の芽とちぎった梅干をあしらう。

※タイのカマとスダレ骨を潮汁にしてもよい。その場合は、塩を振って2時間おいた後、霜降りして表面の汚れを取ってから使う。

火取り平目

カラー70ページ

大根　金時人参　山葵　黒染め蓮根
石蕗（つわぶき）　梅酢　醤油

■作り方

1 ヒラメを五枚におろし、腹骨を取る。皮は付けたままにする。
2 太めの金串20〜25本を直火で真っ赤になるまで焼き、ヒラメの皮に押し付け、焼き目を付ける。
3 焼いたヒラメを氷水に落とし、冷めたら水分をふき取る。
4 1時間ほど冷蔵庫に入れる。
5 食べやすい大きさに切り、器に盛る。
6 かつらむきにした大根と人参、黒染めレンコン、ツワブキ、ワサビをあしらう。

※ ヒラメは厚みを持たせて切る方がおいしい。
※ 大根は、大根のかつらむきを8枚ほど重ねて雛という形に切り分けたもの。
※ 黒染めレンコンは、168ページ「鯛のお造り」の作り方を参照。

平目昆布じめ

カラー71ページ

甘草　黒染め牛蒡　山葵　梅酢

■作り方

1 ヒラメを五枚におろし、腹骨を取り、皮を引く。
2 ヒラメを昆布にはさんでひと晩冷蔵庫に入れておく。
3 刺身に引き、器に盛る。
4 塩茹でしたカンゾウ、黒染めゴボウ、ワサビをあしらう。
5 梅酢に3倍の水を加えたものを添える。

※ 急ぐ場合は庖丁で引いたヒラメを昆布に並べてはさみ、常温で2時間ほど置く。
※ 黒染めゴボウは、165ページ「まながつおのお造り」の作り方を参照。

平目の障子

カラー72ページ

■作り方

1 ヒラメの中骨を食べやすい大きさに庖丁で切る。
2 ヒラメの中骨に塩をしてひと晩おく。
3 全体に焼き目がつくよう注意しながら焼く。

※ 焦げやすいので意外に焼くのが難しい。ヒラメの骨は頑丈な割に、焼くだけで食べられる。養殖ものも活用できる。

平目不味好み

カラー73ページ

甘草　山葵

■作り方

1 筍はあく抜きしてひと口大の大きさに切る。
2 ヒラメは五枚におろし腹骨を取り、皮を引いて薄く長めに引く。
3 ヒラメをひと口大に切った筍に巻き、器に盛る。
4 塩茹でしたカンゾウとワサビを添える。

※ 不昧とは、出雲松江藩主であった松平治郷の号。茶人でもあった不昧公のイメージから料理名とした。

平目薄造り

下仁田葱　赤おろし　杏仁

カラー74ページ

■作り方

1 ヒラメは五枚におろして腹骨を取り、薄造りにして器に盛る。

2 下仁田ネギは輪切りにする。

3 赤おろしと塩漬けした杏仁を添える。

※ 杏仁は、梅や杏の種から取り出した核の白梅酢漬け。取り出した核を2%の濃さの塩水にひと晩漬けて皮をむいて洗い、白湯3対白梅酢1の割り酢に漬ける。

※ 白梅酢は自家製で簡単に仕込める。傷ついた梅や形の悪い梅に同量の塩を入れてほうろう引きの器に入れておくだけでよい。2カ月たった頃から使えるが、3年以上寝かせたい。

平目の子磯辺椀

海苔　筍　葱　梅にく　柚子

カラー76ページ

■作り方

1 ヒラメの卵を、酒と塩を加えた熱湯で茹でる。

2 筍はあく抜きして、吸い地で炊く。

3 カツオ節と昆布でだしを取り、塩と醤油で味付けする。

4 椀に海苔をちぎり入れ、筍とヒラメの卵を盛り、3の椀づゆをはる。長ネギ、梅にく、ユズを添える。

※ 基本の吸い地は、カツオ節と昆布でだしを取り、だしの0.8%の塩とうま味調味料少々で味を調えたもの。

平目の皮の焼き浸し

カラー77ページ

■作り方

1 ヒラメのエンガワと皮をそれぞれ焼き台で焼く。

2 赤おろしとポン酢で和える。

3 器に盛り付ける。

※ ヒラメの皮は、ここでは焼いたが、油で揚げたり湯引きしてポン酢で食べるのもよい。

平目の兜湯注ぎ

カラー77ページ

■作り方

1 エラを取り除いたヒラメの頭に塩を振り、ひと晩おく。

2 頭を焼き、器に入れる。

3 ネギ、青じそ、海苔、ぶぶあられ、梅にくを入れて、熱いお湯を注いで提供する。

※ この料理は、料理の仕上げとして味わうもので吸い物とは異なる。今一つ物足りないようなタイミングで食べるとおいしく味わえる。

鱸の洗い二種

酢取り防風　山葵

カラー80ページ

■作り方

●湯洗い（手前）

1 スズキをおろし、腹骨と中骨を取る。皮を引いてぶつ切りにする。

2 48℃ほどの湯を用意し、スズキを手早く洗う。

3 すぐに氷水に落とし、水気をふき取る。

●洗い（奥）

1 スズキをおろし、腹骨と中骨を取る。皮を引いて薄切りする。

2 40℃ほどのぬるま湯を用意し、スズキをよく洗う。

3 氷水に落として水気をふき取る。

4 酢取り防風、ワサビを添えて盛り付け、蓼酢、白梅酢、赤梅酢を添える。

※ 酢取り防風は、167ページ「甘鯛の若狭焼き」の作り方を参照。

※ 蓼酢の作り方

① 米に1割のもち米を入れ、米の10倍の水を入れて弱火で1時間煮て重湯を作る。

② ①を裏ごしにのせ、下に受け皿を用意して自然に滴らせる。

③ タデの葉30gと塩10gをすり鉢ですり、裏ごしした重湯と混ぜる。

④ 提供する直前に酢を少量加える。

※ 白梅酢は自家製で簡単に仕込める。傷付いた梅や形の悪い梅に同量の塩を入れほうろう引きの器に入れておくだけでよい。2カ月たった頃から使えるが、3年以上寝かせたい。

※ 赤梅酢は白梅酢に梅にくを加えたもの。

鱸のお造り

大根　黒染め蓮根　防風　梅にく　山葵

カラー82ページ

■作り方

1 スズキをおろして皮を引き、腹骨や中骨を取ってそぎ切りする。

2 器を用意し、大根の上に形よく盛り、黒染めレンコンと防風、ワサビをあしらい、梅にくを天盛りする。蓼醤油を添える。

※ 蓼醤油はタデの葉を細かくすりつぶし、重湯を加えてさらに当たり、生酢を少しずつ加えて塩、味醂、薄口醤油で味を調えたもの。前もって仕込んでおくときは、酢は提供直前に加えるようにすると茶黒く変色しない。

※ 黒染めレンコンは、168ページ「鯛のお造り」の作り方を参照。

鱸の塩辛

カラー83ページ

■作り方

1 スズキの胃袋をよく洗い、細切りする。

2 胃袋に強めに塩を振り、冷蔵庫にひと晩おく。

3 酒洗いしてさらに強く塩を振り、冷蔵庫で1週間ほどねかせる。

4 器に盛り、生姜のしぼり汁をかける。

※ スズキの胃袋は、消化管とつながっていて袋状になっている。時には中にアジやイワシが入っているので見分けるのは簡単。

鱸の奉書焼き（不味公お好み焼き）

カラー84ページ

■作り方

1 スズキは三枚におろし、腹骨と中骨を取る。奉書で包みやすい大きさに切る。塩を振って2時間ほど置く。

2 椎茸は軸を切り取り、笠の部分に切り目を入れる。レンコンは花型にむいて、下茹でする。

3 2の材料とあやめ生姜、杏仁、紅梅を

奉書で包み、酒霧をし、塩を振りかけて焼き台で焼く。

4 蓼酢を添えて提供する。

※椎茸を松茸にすると献立の格が高くなる。

※あやめ生姜の作り方は、160ページ「のどぐろの焼き物」の酢取り生姜の作り方を参照。

※杏仁は、171ページ「平目薄造り」の作り方を参照。

※紅梅の作り方

① 青梅に針打ちをし、焼酎でよくもみ、2〜3日砂糖漬けにしておく。

② 水10ℓに砂糖4kg・少量の焼酎・酢2ℓを入れ、食紅を入れて赤く染める。火にかけて、煮立ってきたら火を止めて梅を入れ、ひと晩そのままにする。

③ ほうろう引きの容器かガラス、かめなどに入れてラップで密閉し、10日ほどねかせる。

※蓼酢は、「鱸の洗い二種」の作り方を参照。

鱸のかま塩焼き

カラー86ページ

■作り方

1 スズキのカマに塩を振ってひと晩おく。

2 串を打って焼く。

3 木の葉にむいた酢取り生姜とレモンをあしらう。

※カマの胸ビレは硬いので切り取る。

※酢取り生姜は、160ページ「のどぐろの焼き物」の作り方を参照。

鱸の薩摩揚げ

カラー87ページ

■作り方

1 スズキをおろし、腹骨と中骨を取り、皮を引く。これを庖丁のみねで細かくたたく。

2 スズキの身をすり鉢に入れ、塩・うま味調味料を入れて合わせ、卵白・小麦粉・片栗粉・昆布水・生姜汁各適量を入れてよく合わせる。最後にクルミ・ちぎった青じそ・きんぴらゴボウを入れて混ぜる。

3 適当な大きさに取り、油で揚げる。

※薩摩揚げの生地は、フードプロセッサーを使えばより簡単に仕込める。スズキの身と昆布水を除いた調味料類を入れてフードプロセッサーにかけ、昆布水で硬さを調整し、クルミなどの具を加えて混ぜればよい。

川尻椀

カラー88ページ

■作り方

1 スズキをおろし、腹骨と中骨を取り、皮を引き、庖丁のみねで細かくたたく。

2 スズキの身をすり鉢に入れ、塩・うま味調味料を入れて合わせ、卵白・小麦粉・片栗粉・昆布水各適量を入れてよく合わせ、仕上げに木の芽を入れて混ぜる。

3 熱湯に酒・塩・うま味調味料を入れてしんじょう地をすくい入れ、弱火で煮る。

4 かつお節でだしを取り、塩・醤油で調味して椀づゆを作る。

5 椀にしんじょうを盛り、椀づゆをはる。薄切りしたウドをあしらう。

※しんじょうは、フードプロセッサーを活用すれば手早く作れる。その際は、おろしたスズキに調味料類を入れてフードプロセッサーにかけ、硬さを見て昆布水を加える。その後木の芽を加えてさらに攪拌する。

※川尻とは、質のよいスズキが獲れる常磐の地名。

鱸の皮のあぶり

カラー90ページ

■作り方

1 スズキの皮に塩・うま味調味料を振り、1時間ほどおく。

2 ミズキの枝に皮を巻き付け、皮を巻いていない部分はホイルを巻いて覆い、焼き焦げを防ぐ。

3 皮を直火であぶり焼きする。

4 レモンと木の葉に切った酢取り生姜を添える。

※ 巻き付ける木の枝は、夏のものなら何でもよく、中でも黒文字の枝は香りがよくて最適。

※ 酢取り生姜は、160ページ「のどぐろの焼き物」の作り方を参照。

鱸の南蛮漬け

カラー91ページ

■作り方

1 スズキをおろし、腹骨と中骨を取る。食べやすい大きさに切り分け、塩を振って2時間ほどおく。

2 水400cc・酢100cc・塩5g・うま味調味料少々・レモン汁30ccを合わせて漬け地を作る。

3 スズキを素揚げし、2の漬け地に漬ける。

4 ウド、ゴボウ、ミョウガ、人参、長ネギをそれぞれ薄切りし、漬け地に加える。2時間ほど漬け込む。

※ ゴボウが味のアクセントとして大事なので、必ず入れたい。

※ 酢に白梅酢を使うとやわらかな酸味となる。白梅酢は、168ページ「鯛のお造り」の作り方を参照。

鱸の湯注ぎ

カラー92ページ

■作り方

1 スズキの中骨に強めに塩を振り、2時間ほどおく。

2 中骨を焼いて器に入れる。

3 青じそ・三つ葉を切って入れ、ぶぶあられと梅干を入れて熱湯を注ぐ。

※ 中骨に強めに塩をふった方が、湯を注いだときにちょうどよい塩加減になる。

鱸の湯漬け

カラー93ページ

■作り方

1 スズキをおろし、切り身に強めに塩を振って2時間ほどおく。

2 スズキを焼く。

3 器に白飯を盛り、スズキの塩焼き、薄切りしたウド、青じそ、松の実、胡麻を入れる。

4 生姜汁・醤油・胡麻油各少々を加え、熱湯を注ぐ。

※ 他の白身魚の塩焼きでも応用できる。湯をかけるので「湯漬け」で、ほうじ茶などのお茶をかければ「お茶漬け」となる。

鰯のお造り

木の芽　生姜

カラー96ページ

■作り方

1 イワシを腹骨と中骨を取り、水1対酢1で合わせた割り酢にさっとくぐらせる。

2 イワシを細長く食べやすく引く。

3 鬼ユズの上部を切り、イワシを盛り付ける。たっぷりのおろし生姜とさっと茹でた木の芽を飾る。

※イワシの切り方は、布目に切っても細引きでもよい。

鰯の梅煮

木の芽

カラー97ページ

■作り方

1 イワシのウロコを取り、つぼ抜きしてエラとワタを抜く。
2 1のイワシを素焼きする。
3 水に酢、生姜の皮、梅干を加えて煮汁を作り、2のイワシを弱火で30分ほど骨がやわらかくなるまで煮る。
4 煮汁に砂糖と醤油を加え、弱火で4〜5時間煮る。
5 イワシを器に盛り、一緒に煮た梅干、茹でてサラダ油をからめた木の芽をあしらう。

鰯の塩焼き

木の葉生姜

カラー98ページ

■作り方

1 イワシのウロコを取り、つぼ抜きしてエラとワタを抜く。
2 全体に塩を振り、2時間ほど置く。
3 玉酒で洗い、水気をふいて串を打ち、塩を振る。胸ビレ、腹ビレ、尾ヒレにもていねいに塩をもみ込み、形を整える。
4 焼き台でじっくりと焼く。
5 器に盛り、木の葉にむいた酢取り生姜をあしらう。

※酢取り生姜は、160ページ「のどぐろの焼き物」の作り方を参照。

鰯の兜、中骨、潮濾しの唐揚げ

カラー99ページ

■作り方

1 アジの頭、中骨、エラを半日ほど干す。
2 玉酒で洗い、水気をふき取る。
3 中温の油で、時間をかけてじっくりと揚げる。

※2度揚げすると、いっそうカラリと揚がる。
※頭に付いた胸ビレは、乾かさないで揚げるときれいに開くが、多少食べづらい。

鰯梅里和え

カラー100ページ

■作り方

1 イワシを三枚におろし、腹骨をそぎ取り、中骨を抜く。
2 水1対酢1で合わせた割り酢にさっとくぐらせて皮を引き、斜めに細く切る。
3 梅干、青じそ、海苔を手でちぎる。木の芽をさっと和える。
4 ボウルに2のアジを入れ、3とぶぶあられを加える。ごく少量の醤油を落として香りを加える。

※イワシ3本に、梅干3個、青じそは20枚ほど使う。

鰯のオイル漬け

木の芽

カラー101ページ

■作り方

1 イワシを三枚におろし、腹骨を取り、中骨を抜く。
2 塩を振って2時間ほどおいてから、身の片側を折って串を打ち、焼く。
3 サラダ油にひと晩に漬け込む。
4 器に盛り、茹でてサラダ油をからめた木の芽を添える。

※サラダ油に漬け込んだ状態で長期保存ができる。

しめ鯖
筍　芽甘草　おろし柚子　梅にく

カラー104ページ

■作り方

1 サバを三枚におろし、腹骨と中骨を取る。
2 強く塩を振り、短くて30分、長くて2時間おく。その後身を水洗いする。
3 水4対酢1で合わせた割り酢にユズ、梅干、生姜、レモン汁を加え、2のサバを漬けて30～40分おく。
4 皮を引き、切り分ける。茹でてあくを抜いた筍、芽カンゾウ、おろしユズ、梅にくをあしらう。

※旨味のないサバなら、3の割り酢にも昆布も加え、旨味を加えるようにする。

鯖塩焼き
大根乙女和え

カラー106ページ

■作り方

1 サバを三枚におろし、腹骨と中骨を取り、塩を振ってひと晩おく。
2 串を打って焼き台で焼く。
3 大根を熱湯で軽く茹で、冷水で冷まして水分をふき、梅にくと和える。

※串は身がうねるように形よく打つ。この串の打ち方は"波串"と呼ぶ。

鯖味噌煮

カラー107ページ

■作り方

1 サバ1尾を筒切りにし、水洗いする。
2 熱湯で霜降りし、水に落として血などをよく洗う。
3 鍋にサバを並べ、水1.5ℓ・酒200cc・生姜の薄切り30gを入れて1時間ほど煮る。
4 砂糖250g・醤油75ccを加えてさらに煮て、仕上げに田舎味噌100gを加える。

※養殖もののサバを味噌煮にするときは、煮るときに梅干を加えると生臭味が消える。サバ3本に対し、梅干1個が目安。酸っぱいものほどよい。

椀
鯖のすだれ　大根　おろし柚子

カラー108ページ

■作り方

1 サバの腹骨に塩を振って焼き、さらに油で揚げる。
2 大根を四角に切り、下茹でする。昆布だしを塩で味を調えて大根を煮含める。
3 カツオ節でだしを取り、塩・醤油で調味して椀づゆを作る。
4 2の大根と焼いたサバの腹骨を盛り、3の椀づゆをはり、おろしユズを添える。

※サバの中骨や腹骨でだしを取る船場汁がサバの汁物としてよく知られる。ここでは腹骨を焼き、さらに揚げることで、骨ごと食べられるようにした。

寒鯖の白子

カラー109ページ

■作り方

1 サバの白子を冷水でよく洗い、さらに塩水で洗う。
2 サバの白子を適当な大きさに切って器に盛る。
3 レモン汁をかけ、おろしユズを添える。醤油を添えて提供する。

※赤おろしやポン酢を添えて食べてもおいしい。

鯖白子の塩辛

カラー110ページ

■作り方

1 サバの白子に強く塩を振り、冷蔵庫に1週間ほどおく。
2 酒に浸して塩抜きし、細切りする。
3 器に盛り、おろしユズを添える。
※酒で塩抜きすることで余分な塩分が抜け、甘味が出る。また、細かく切ることで、身が空気に触れ、旨味が引き出される。

潮濾しの唐揚げ

カラー112ページ

■作り方

1 サバのエラはよく水洗いして、さらに塩水で洗う。
2 ていねいに水分をふき、酒を振りかける。塩とうま味調味料も振ってひと晩おく。
3 焼き台で焼き、冷めるまでおく。
4 油で揚げる。
※クセを取るために、水洗いをていねいにすることが大事。揚げるだけでも食べられるが、いったん焼いてから揚げる方が旨味は強まる。

鯖の兜揚げ

カラー113ページ

■作り方

1 サバの頭を2つに梨割りし、水洗いする。
2 塩とうま味調味料を振り、ひと晩おく。
3 酒洗いして焼き、冷めるまで置く。
4 油で揚げる。
※焼くだけでは硬く、揚げるだけでは苦みが出る。焼いて揚げると、食べやすく、香ばしくなる。

鰺お造り

胡瓜　梅干　長芋　生姜　石蕗

カラー116ページ

■作り方

1 アジを三枚におろし、腹骨と中骨を取って皮を引く。
2 アジに細かい格子状に切り目を入れ、食べやすく切る。
3 器にアジを盛り付け、キュウリ、梅干、長芋、生姜、ツワブキを飾る。
※アジの切り方は、布目と呼ぶ。脂の乗った魚に醤油をからめやすくする切り方。

鰺姿造り

長芋　胡瓜　レモン　生姜　石蕗

カラー118ページ

■作り方

1 アジは頭を付けたまま三枚におろし、腹骨と中骨を取る。
2 身の皮を引き、食べやすい大きさに切る。
3 中骨に見栄えよく身を盛り、長芋、キュウリ、レモン、生姜、ツワブキをあしらう。
※胸ビレの一部を裂いてエラぶたに入れるとヒレが立ち、楊枝を使わなくても形よく盛り付けられる。

鯵の中おち唐揚げ

カラー119ページ

■作り方

1 アジの中骨に塩を振り、ひと晩おく。
2 酒で洗い、強火の遠火で焼く。
3 油で揚げる。
4 器に盛り、算木にむいた酢取り生姜を添える。

※ 酢取り生姜は、160ページ「のどぐろの焼き物」の作り方を参照。
※ 算木とは、食材を角柱に切ったものに対する、日本料理での表現。

鯵の塩焼き

カラー120ページ

木の葉生姜　ライム

■作り方

1 アジのウロコを取り、ワタを抜いて水洗いをする。
2 全体に塩を振り、2時間ほど置く。
3 酒で洗ってから串を打ち、塩を振る。胸ビレ、腹ビレ、尾ヒレにもていねいに塩をもみ込み、形を整える。
4 焼き台でじっくりと焼く。
5 器に盛り、木の葉にむいた酢取り生姜とライムを添える。

※ 酢取り生姜は、160ページ「のどぐろの焼き物」の作り方を参照。

鯵の兜の唐揚げ

カラー121ページ

■作り方

1 アジの頭に塩を振り、ひと晩おく。
2 酒で洗い、強火の遠火で軽く焼く。
3 油で揚げる。

※ すぐ料理しない場合は塩を振らずに冷凍しておき、使う前日に解凍して塩を振り、ひと晩おいてから調理をする。

鯵のオイル漬け

カラー122ページ

ライム　梅干　あやめ生姜

■作り方

1 アジを三枚におろし、腹骨を取り、中骨を抜く。
2 塩を振って2時間ほどおいてから、焼き台で焼く。
3 ひと晩サラダオイルに漬け込む。
4 器に盛り、あやめにむいた酢取り生姜を添える。

※ サラダ油に漬け込んだ状態で保存ができるので、アジを刺身で使い切れないときに重宝する献立。
※ 酢取り生姜は、160ページ「のどぐろの焼き物」の作り方を参照。

鯵梅里和え

カラー123ページ

■作り方

1 アジを三枚におろし、腹骨を取り、中骨を抜く。
2 皮を引き、細く切る。
3 青じそ、梅干、海苔を手でちぎり、ミョウガを薄切りする。
4 ボウルに2のアジを入れ、3を合わせ、ぶぶあられ、胡麻、胡麻油、おろし生姜、醤油を加えて調味する。

※ もともとは白身魚で作る料理。アマダイなどがおいしい。

間八のお造り

カラー126ページ

大根　金時人参　おろし柚子　山葵　石蕗（つわぶき）
ちり酢

■作り方

1 カンパチを三枚におろし、腹骨と中骨を取って皮を引く。背側に細かい切り目を入れ（すだれ庖丁）、長手造りに引く。腹側の身には細かい格子状に切り目を入れ（布目庖丁）、盛り付ける。

2 からむきにした大根を重ね切りしたあしらい、おろしたユズ、ワサビを添える。

3 もみじおろしを加えた醤油を用意する。

※ 長手造りは、魚を刺身用に切るとき、一寸（約3㎝）以上の長さになる場合、そのままでは食べにくいので、二つに折ってちょうど一寸ほどの大きさになるように造ったもの。

※ 大根のあしらいは、かつらむきにした大根を数枚と金時人参1枚を重ね、菱形に形を整えたもの。菱づまと呼ぶ。

間八照り焼き

カラー128ページ

大根　梅にく　もちにんにく

■作り方

1 カンパチの切り身を味醂2対醤油1で合わせた漬け地にひと晩漬け込む。

2 味醂2対醤油1に赤ざらめ少々を加え、赤ざらめが煮溶けるまで加熱する。

3 カンパチに串を打ち、2をかけながら焼く。

4 焼いたカンパチと、かつらむきにして巻き戻した大根と梅にく、もちにんにくを盛り付ける。

※ もちにんにくの作り方

① にんにくの表皮をむき、たっぷりの水に酢とにんにくを入れて沸騰させ、火を止めて1時間ほどおく。

② 冷水に取り、ひと晩水に漬けておく。

③ 鍋ににんにくを並べ、砂糖（にんにくの重量の45％）を入れ、たっぷりの水を入れて火にかける。煮立ってきたらゆっくりと弱火で煮詰める。

④ 煮詰まってきたら火を止め、そのまま鍋に入れてひと晩鍋止めをする。

⑤ ざるににんにくを並べて風干しする。

間八と大根の煮物

カラー129ページ

■作り方

1 カンパチのアラを霜降りにし、水洗いする。

2 鍋にカンパチを入れ、醤油1対味醂2対酒1対砂糖1で合わせた調味料と、胡麻油、かぶる程度の水を入れて煮込む。

3 適当な大きさに切った大根と薄切り生姜・長ネギを入れて煮る。

4 煮汁が少なくなったら火を止める。

5 器に盛って、ユズの皮を添える。

※ カンパチのような脂がのった魚には、胡麻油を使う味付けが合う。

間八かま塩焼き

カラー130ページ

大根　木の葉生姜

■作り方

1 カンパチのカマに塩を振り、ひと晩置く。

2 串を打って焼く。

3 かつらむきした大根を重ねて切った大根と、木の葉にむいた酢取り生姜を添える。

※ 酢取り生姜は、160ページ「のどぐろの

焼き物」の作り方を参照。

間八胃袋の酢の物

おろし柚子　絹糸生姜　ポン酢

カラー131ページ

■作り方

1 カンパチの胃袋を切り開いて庖丁でよくしごいて汚れを取り、水洗いする。
2 熱湯に酒を少々入れ、胃袋を煮る。
3 冷水で冷まし、水気を切って器に盛る。
4 ポン酢をはり、おろしユズと絹糸生姜を添える。

※ 絹糸生姜（金糸生姜）は、163ページ「おこぜの皮の湯引き」の作り方を参照。

縞鯵のカルパッチョ

カラー134ページ

■作り方

1 シマアジを三枚におろし、腹骨と中骨を取る。皮を引き、薄造りにして器に並べる。
2 胡麻醤油ドレッシングを作る。胡麻油・酢・醤油・レモン汁・マヨネーズをすべて同量ずつ合わせる。
3 シマアジにドレッシングをかけ、ぶぶあられを散らす。

※ 白身、青魚、赤身を問わずにおいしく楽しめる料理。魚はどれも、基本的に油と醤油と相性がよく、特に若い人にはおすすめの食べ方。

※ マヨネーズは、163ページ「おこぜのサラダ」の作り方を参照。

縞鯵のお造り

大根　浜防風　おろし柚子　金糸生姜　山葵

カラー135ページ

■作り方

1 シマアジを三枚におろし、腹骨と中骨を取って皮を引く。背側に細かい切り目を入れ（すだれ庖丁）、長手造りにする。
2 置き淡路、浜防風、おろしユズ、金糸生姜、ワサビをあしらう。
3 醤油と、胡麻醤油ドレッシングを添える。

※ 長手造りは、魚を刺身用に切るとき、一寸（約3㎝）以上の長さになる場合、そのままでは食べにくいので、二つに折ってちょうど一寸ほどの大きさになるように造ったもの。

※ 大根は、かつらむきしたものを8枚ほど重ね、2㎝ほどの幅に切り、右が上になるように丸めたもの。置き淡路という。

※ 金糸生姜は、163ページ「おこぜの皮の湯引き」の作り方を参照。

※ 胡麻醤油ドレッシングは、前の「縞鯵のカルパッチョ」の作り方を参照。

縞鯵のあらのあんかけ

カラー136ページ

■作り方

1 シマアジのアラとカマに塩を振り、ひと晩おく。
2 焼き台で焼き、さらに油で揚げる。
3 だしを醤油・うま味調味料で味付けし、片栗粉でとろみを付けて生姜汁を加える。
4 胡桃・松の実・椎茸を素揚げする。
5 器に、揚げたシマアジと4のクルミなどをのせ、食べやすく切ったセリをのせる。
6 3を熱し、5にかける。

※ シマアジのアラを焼く際は、ヒレが焼け落ちないようにホイル等で覆いながら焼く。

縞鯵のサラダ

カラー137ページ

■作り方

1 シマアジを三枚におろし、腹骨と中骨を取る。皮を引いて身を薄切りする。
2 醤油に手でちぎった青じそ、ひねり胡麻、ちぎり梅干、胡麻油を各適量加え、薄切りしたシマアジを和える。
3 食べよい大きさに切ったセロリを、醤油を足したマヨネーズで和える。

※ マヨネーズは、163ページ「おこぜのサラダ」の作り方を参照。

うるか

カラー140ページ

■作り方

1 落ちアユの白子を塩漬けにし、冷蔵庫で半年おく。
2 食べる前に水に浸して多少塩抜きする。
3 三枚におろして腹骨と中骨を取ったアユを皮付きのまま薄く塩を振って焼く。
4 焼いたアユをほぐし、白子と和えて器に盛る。

※ ご飯の友やお茶漬けの具にしてもおいしい。

鮎塩焼き

カラー142ページ

■作り方

1 アユを洗ってウロコを取り、串を打つ。
2 全体に塩を振る。胸ビレや腹ビレ、尾ヒレにもていねいに塩を付ける。
3 焼き台で焼く。
4 器に盛り、木の葉にむいた酢取り生姜を添える。

※ 養殖もののアユの場合は、仕上げ際にサラダ油を全体にさっと塗ってつやを出し、旨味を加える。

※ 酢取り生姜は、160ページ「のどぐろの焼き物」の作り方を参照。

鮎飯

カラー143ページ

■作り方

1 アユを三枚におろし、腹骨と中骨を取る。
2 塩を振って2時間ほどおく。
3 酒で洗い、身を焼く。
4 あらかじめ研いでおいた米にだし汁と酒醤油を加えて、焼いた皮付きのアユとたっぷりの木の芽を入れて炊く。

※ 木の芽以外にタデの葉を一緒に炊き込んでもおいしい。

鮎骨の唐揚げ

カラー144ページ

■作り方

1 アユの中骨に塩を振り、2時間ほどおく。
2 1を半日から1日かけて天日で干す。
3 油でじっくり素揚げする。

※ 揚げずに、焼いてもよい。揚げる方が調理時間は短い。

鮎の天婦羅

カラー146ページ

■作り方

1 アユはウロコを引いて三枚におろし、腹骨と中骨を取る。
2 セロリ、谷中生姜を食べやすく切る。
3 小麦粉・卵黄に冷水を加えて衣を作り、アユ、木の芽、セロリ、谷中生姜を揚げる。
4 塩を添えて提供する。

※ 写真に添えた塩は、食紅を少々加えかすかな色を付けたもの。

鮎若狭焼き

カラー147ページ

■作り方

1 漬け地を作る。水4対酒1の割合で合わせた調味料に2%の塩とうま味調味料少々を加えてよく混ぜる。

2 アユを背開きにし、ひと晩漬け地に漬ける。

3 水分をふき取り、半日天日で干す。

4 焼き台でじっくりと焼く。

※ 頭から骨ごと食べる料理なので、多少焼き色が強くなるくらいまで、骨までじっくりと焼く。

岩魚の飴炊き

カラー150ページ

■作り方

1 イワナのウロコを引き、エラとワタを取る。

2 醤油1対味醂2で合わせた調味料に酒・薄切り生姜・砂糖・水を加えて煮立て、イワナを入れる。

3 中火で2時間ほどじっくり煮る。

4 仕上がりぎわに生姜汁と山椒粒をのせ、香りをプラスする。

※ この料理を日持ちさせたいときは、イワナを煮る調味料に、酒でなく焼酎を使うようにするとかびが出ない。

岩魚の塩焼き

黒染め牛蒡　ライム

カラー152ページ

■作り方

1 イワナのウロコを引き、つぼ抜きをしてエラやわたを取り、水洗いする。

2 水分をふき、串を打ち、塩を振って焼く。

3 器に盛り、黒染めゴボウとライムをあしらう。

※ 黒染めゴボウは、165ページ「まながつおのお造り」の作り方を参照。

岩魚の骨の唐揚げ

カラー153ページ

■作り方

1 イワナの中骨に塩を振り、ひと晩おく。

2 酒で洗い、水分をふき取る。

3 油で揚げる。

※ 魚の骨の中では珍しく、骨を干さない方がうまい。揚げる温度は120℃くらいの低温で、10分かけてじっくりと揚げる。時間がたっても味が落ちないので前もって揚げておいてもよい。

焼き岩魚のちらし寿司

カラー154ページ

■作り方

1 イワナのウロコを引き、つぼ抜きをしてエラやわたを取り、水洗いする。

2 水分をふき、串を打ち、塩を振って焼く。

3 塩焼きしたイワナの身をほぐす。

4 すし飯にイワナの身と海苔、胡麻、ぶぶあられ、松の実を混ぜ、サラダ油をさっと加える。

5 仕上げる前にレモン汁をしぼり、香りよく供する。

※ イワナ以外にヤマメやアユで作ってもおいしい。釣り宿や民宿などで提供する料理で、素朴ながら食が進むご飯メニュー。

岩魚の魚田

紅梅　木の葉生姜

カラー155ページ

■作り方

1 田楽味噌を作る。白味噌（西京味噌）500gに卵黄3個・砂糖80g・味醂50cc・サラダ油30ccを鍋に入れて混ぜ、弱火で練り上げる。

2 イワナはウロコをていねいに引き、エラとワタを取って水洗いする。

3 水分をよくふき、酒で洗い、串を打って焼く。

4 焼き上がりに**1**の田楽味噌を塗ってさらに香ばしく焼く。

5 器に盛り、紅梅と木の葉にむいた酢取り生姜を添える。

※紅梅は、173ページ「鱸の奉書焼き」の作り方を参照。

※酢取り生姜は、160ページ「のどぐろの焼き物」の作り方を参照。

岩魚のみぞれ和え

カラー156ページ

■作り方

1 イワナのウロコを引き、つぼ抜きをしてエラやわたを取り、水洗いする。

2 水分をふき、串を打ち、塩を振って焼く。

3 塩焼きしたイワナの身をほぐす。

4 大根おろしを用意し、軽く水洗いする。

5 長芋とウドを算木に切る。

6 焼いたイワナ、大根おろし、長芋とウドを合わせ、ちぎった梅干、塩、うま味調味料、サラダ油で調味する。

※大根おろしは、水洗いして30分ほど熱湯で茹で、再び水洗いして軽く水気を切ってから使う。

※算木とは、食材を角柱に切ったものに対する、日本料理での表現。

※先付にもなる一品。酒やビールのつまみにするなら、心持ち塩をきかせるとよい。

岩魚のあんかけ

カラー157ページ

■作り方

1 イワナのウロコを引いて三枚におろし、腹骨と中骨を取る。塩を振って2時間ほどおく。

2 皮付きのまま焼く。

3 豆腐を昆布のだし汁であたため、塩・醤油で味を調え、片栗粉でとろみを付ける。

4 器に豆腐と焼いたイワナを盛り、**3**の鼈甲あんをかけ、木の芽を天盛りする。

※イワナは姿で使ってもよく、その場合はつぼ抜きをして内臓を出し、これに塩をしてひと晩置いたものを焼いて揚げる。

著者紹介

遠藤十士夫（えんどう・としお）

昭和15年（1940年）茨城県生まれ。昭和31年（1956年）茨城にて修業を始める。昭和42年（1967年）「ひらの」（東京・湯島）の料理長となる。昭和53年〜平成11年（1978年〜1999年）日本興業銀行青山クラブの料理長に。平成8年（1996年）天皇・皇后両陛下、皇族方の御前で庖丁式を行う。平成11年（1999年）より「料理研究所青山クラブ」代表。宮内庁御用達萬屋調理師会会長。内閣府認定公益社団法人日本全職業調理士協会会長。公益社団法人日本料理研究会取締役・名誉師範。四條司家最高勲位料理指南役。

料理研究所青山クラブ
東京都板橋区赤塚2-37-17
TEL03(3975)6035

本書は旭屋出版MOOK『日本料理の魚一尾使いこなし料理』に新しい料理を加えて再編集し、改題して新しく書籍化したものです。

■構成･編集･取材：城所範子
■撮　影：南都礼子　後藤弘行
■デザイン：スタジオ ア･ドゥ
■制　作：土田　治

※写真協力：マイザ/PIXTA(ピクスタ)

魚を使い切る
高級魚から大衆魚まで 上手に使って多彩な料理に仕上げる技

発行日　2018年7月2日 初版発行

著者　遠藤十士夫（えんどうとしお）
発行者　早嶋　茂
制作者　永瀬正人
発行所　株式会社 旭屋出版
〒107-0052
東京都港区赤坂1-7-19 キャピタル赤坂ビル8階
TEL　03-3560-9065(販売)
　　　03-3560-9066(編集)
FAX　03-3560-9071(販売)
旭屋出版ホームページ　http://www.asahiya-jp.com
郵便振替　00150-1-19572

印刷･製本　凸版印刷株式会社

ISBN978-4-7511-1337-0 C2077